I0817926

NO ES UN LEÓN, ES ANSIEDAD

ERICA SOSA

NO ES UN LEÓN, ES ANSIEDAD

Aprende a confiar en ti para liberarte de lo que pesa

Papel certificado por el Forest Stewardship Council®

El contenido de este libro tiene únicamente fines informativos e inspiracionales. El autor y el editor no asumen ninguna responsabilidad por cualquier acción tomada a partir de la información contenida en este libro, y los lectores deben usar su propio juicio y sentido común al aplicar el contenido de este libro a sus vidas. En ningún caso sustituye a la consulta con un médico o profesional de la salud ni pretende servir de diagnóstico, prescripción o tratamiento.

Primera edición: enero de 2026

Travessera de Gràcia, 47-49. 08021 Barcelona
Imágenes del interior: Shutterstock (páginas 154 y 238) e iStock (página 218)
Recursos gráficos de los ejercicios: iStock

Printed in Spain – Imprès a Espanya

ISBN: 978-84-02-43108-0
Depósito legal: B-19.717-2025

Compuesto por Juan Carlos Bermudo
Impreso en Black Print CPI Ibérica
Sant Andreu de la Barca (Barcelona)

BG 3 1 0 8 0

A ti, a quien quizá la ansiedad te hizo esconderte en un lugar tranquilo para respirar, aguantarte las lágrimas en la cola del súper o romperte en el coche de camino a casa. Ojalá este libro te ayude a acompañarte con más ternura.

ÍNDICE

NOTA PRELIMINAR

Sobre los relatos y ejemplos de caso

En este libro he recogido experiencias que he vivido de primera mano, así como relatos ficticios basados en hechos reales de algunas de las personas a las que he acompañado en consulta durante mis años de práctica.

Estas historias han sido modificadas y ficcionalizadas a fondo con la intención de salvaguardar y respetar su intimidad y privacidad. Del mismo modo, los nombres que he usado son ficticios, por lo que cualquier parecido con la realidad es mera coincidencia.

Sobre la gramática

En la escritura de este libro he empleado el femenino genérico. La mayoría de las personas a las que acompaño y he acompañado en mi carrera profesional son mujeres, pero quiero que sepas que el contenido de estas páginas está dirigido a un público amplio, sin importar su género u orientación sexual. El objetivo es que pueda servir como herramienta y apoyo para cualquiera que llegue a él.

INTRODUCCIÓN: NO ESTÁS SOLA

Si hace unos años me hubieran dicho que iba a escribir este libro, no me lo hubiera creído. No porque no me viera capaz, ojalá hubiera sido por algo así, sino porque estaba segura de que no habría un futuro. **Estaba acojonada, tenía miedo a todas horas y la extraña sensación de que iba a pasar algo terrible** y moriría en cualquier momento (¡guau!, empieza la cosa potente, ¿eh? Pero, tranquila, te prometo que este no va a ser el nivel de intensidad).

Si estás aquí, es posible que esto te resuene. Quizá hayas pasado o estés transitando por un momento parecido. Es una caquita, lo sé, también es muy desconcertante, extraño, agotador, pesado, frustrante, un tanto jodido y una larga lista de adjetivos divertidos.

Quiero decirte que te entiendo, te abrazo y te acompaño. No estás sola y no, no tendrás que vivir así para siempre (aunque lo parezca).

Ya que vamos a pasar un largo ratito juntas, **quiero empezar hablándote un poco sobre mí**. Mis padres decidieron llamarme Erica. Por lo visto, mi madre se había quedado flasheada con el nombre por alguna peli o serie que vio en su adolescencia y lo registró en algún lugar recóndito de la memoria hasta que llegué yo. Tengo una hermana mayor a la que considero la otra mitad de mi alma y unos padres que siempre me han dado amor y cobijo. En este sentido, creo que soy muy afortunada. Mi experiencia profesional me ha enseñado que, aunque este debería ser el ambiente familiar normal, no es ni mucho menos la norma.

Siempre tuve claro que sería psicóloga. No sé si fue por mi propia experiencia, por querer seguir los pasos de mi madre (psico también), por autotratarme y ser mi propia terapeuta (*spoiler*: no funciona así..., nosotras también podemos necesitar nuestras psicoterapeutas) o por aprovechar la dichosa alta sensibilidad y empatía que me otorgó el cosmos (gracias, supongo). Sea como sea, aquí estoy, acompañando a otras personas en sus propios procesos de autoconocimiento, reconexión y encuentro con su propia calma. Me especialicé en ansiedad, trastornos de la conducta alimentaria (TCA), trauma y apego. Todo ello lo afronto desde una perspectiva integrativa, es decir, desde diferentes enfoques terapéuticos para explicar y abordar lo complejas que somos (más adelante te hablaré en profundidad sobre esto, no te preocupes).

Tuve mi primera experiencia religiosa con la ansiedad con tan solo nueve añitos. Estaba en el cole como un día cualquiera y me noté rara al volver a clase del recreo. No sabía qué me pasaba, pero sentía que el corazón me iba muy rápido. Me acerqué a la profe para pedirle ayuda. Al principio no me hizo mucho caso, pero entonces me tocó el pecho para notarme los latidos y recuerdo a la perfección su cara de susto.

Ahora entiendo que a partir de ahí el pánico solo siguió creciendo durante lo que a mí me parecieron horas.

Me llevaron a la sala de profesoras, me sirvieron un vasito de agua con azúcar mientras llamaban a mi madre para que viniera a recogerme y me quedé esperando sentada viendo todo pasar como en una película que no entendía. El agua con azúcar, según las monjas de mi colegio, era el remedio milagroso para todos los males. Servía para todo, desde una fatiga hasta una crisis de ansiedad, aunque en aquel momento y durante toda mi trayectoria escolar **nunca entendieron que «eso raro que le pasa a la niña» era ansiedad**.

En este punto es importante señalar el contexto histórico: corría el año 1997, la salud mental estaba un poquito en pañales aún. Los trastornos emocionales como la ansiedad eran bastante desconocidos por el público general y mucho más cuando afectaban a niñas pequeñas. Ahora, desde una perspectiva adulta, puedo ver claramente cuántas cosas me faltaron en aquel momento.

Me sentía sola, asustada y muerta de miedo, y nadie me acompañó como necesitaba en ese malestar.

Mi madre llegó bastante rápido a la escuela y verla fue como respirar después de haber batido el récord de apnea en modo susto. Siendo sincera, no sé qué le dijeron que me había pasado. Lo que sí sé es que mi cara debía de ser un poema y, por si acaso, fuimos al centro de salud que estaba a unos cinco minutos del cole. Recuerdo que mi madre trató de tranquilizarme y decirme que todo estaba bien, que tal vez estaba un poco acelerada después de correr en el recreo. En el ambulatorio había mucha gente, yo estaba muy asustada y mi cuerpo necesitaba reaccionar a tanta tensión.

Fue entonces cuando todo explotó y viví mi primer ataque de pánico. No sé si lo has experimentado alguna vez, pero resumiendo mucho (ya me extenderé más adelante) es algo así como sentir que te estás muriendo, aunque en realidad lo que ocurre es que el cuerpo está poniendo en marcha una serie de mecanismos complejos y necesarios para huir de lo que percibe como un peligro inminente. Digamos que la máquina del organismo se pone en modo huida para sobrevivir al ataque de un león imaginario. En ocasiones ese león puede ser un lugar lleno de gente, una preocupación muy grande, una sensación física incómoda, conducir o montar en avión, por ejemplo.

A partir de ese día, comencé un largo peregrinaje por todos los especialistas del hospital materno-infantil. Visité a todos los médicos que puedas imaginarte: cardiólogo, neurólogo, otorrinolaringólogo, reumatólogo y muchos más «-ólogos», pero todos **confirmaron que no me pasaba nada**. ¡Venga ya! ¿Cómo no iba a tener nada? Si me mareaba, sentía presión en el pecho, me costaba respirar, me daban extraños pitidos en los oídos y todos los días tenía esos episodios raros de sentirme muy mal (ataques de pánico), entre otros muchos síntomas confusos. Me convertí en una niña asustada, me hice más chiquitita de lo que ya era y, no te voy a engañar, fueron unos años muy complicados.

En casa me encontraba bien. Allí estaba segura, tranquila, tenía espacio para expresar cómo me sentía y lo que necesitaba. Sin embargo, en el colegio no era así: no me sentía a salvo, tenía miedo a todas horas, mis profesoras (adultas en las que se suponía que debía confiar) no me acompañaban, y mis compañeras de clase eran aún muy peques como para entender nada. Yo era esa niña que de repente se ponía histérica y pedía salir de clase muy a menudo. Me veían como una caprichosa que quería llamar la atención, así que me dejaron prácticamente sola. Aprovecho este espacio para darles las gracias por no cuidarme, pues ahora hago todo lo posible para ayudar a otras personas que no se sienten acompañadas y necesitan ayuda.

Con el tiempo, toda esta experiencia se fue borrando y pasando a un plano muy lejano de mi conciencia gracias a varios factores: el apoyo de mi familia, el conocimiento de mi madre, que por aquel entonces estaba terminando la carrera de Psicología, y el cambio de centro escolar al pasar a secundaria.

Todo fue normal hasta que, años más tarde, coincidiendo con el paso a la universidad y otros muchos cambios en mi vida, pasé de estar casi todos los días con mis mejores amigos a que estuviéramos cada uno por un lado. Mi hermana se fue a vivir a otra provincia, me choqué con la vida adulta y me sentí muy sola... Entonces volvió a visitarme mi vieja amiga Ansiedad. Ahora sé que volvió para protegerme, pues estaba viviendo demasiados cambios y alguien tenía que ayudarme a controlarlo todo (nótese la ironía).

Si te soy sincera, en aquella época recordaba con bastante distancia aquello que había vivido de niña. Pensaba que ahí había quedado la cosa y que nunca tendría que volver a pasar por aquello. Bueno, parece que me equivoqué.

Reconocí los síntomas enseguida. Lo primero que reapareció fue el extraño mareo, ese que no sabía muy bien cómo explicar, pero que me hacía sentir como si viviera en un barco. Fui a mi médico de cabecera y de nuevo me vi envuelta en una amplia batería de pruebas físicas. En esta segunda ocasión, el diagnóstico llegó más rápido gracias a que habían pasado años suficientes para que la salud mental comenzara a tomar protagonismo. Por ello, una vez descartada cualquier otra posible causa orgánica, indagando con calma en cuál era mi contexto en ese momento y cómo me sentía, pudimos confirmar que, en efecto, **lo que estaba experimentando era ansiedad**.

Admito que me costó creerlo. ¿Otra vez? ¿Y a qué venía eso si estaba todo bien? No era consciente aún de que mi cuerpo estaba respondiendo ante el estrés de todos esos cambios a los que yo no les había dado importancia.

Desde entonces, la ansiedad ha ido haciendo apariciones estelares para no perderse los capítulos más movidos de mi vida. Es como esa amiga superintensa que no puede resistirse a un buen salseo. Te acompaña, sí, pero también puede volverte majara si insiste en no perderse nada y estar siempre contigo. Así que, desde entonces, ha ido yendo, viniendo y fluctuando por aquí y por allá.

Quizá ahora mismo te estés preguntando: «Espera, ¿quiere decir eso que voy a tener que vivir siempre con esta ansia viva? ¿Se trata de eso que dicen de aceptar y convivir con la ansiedad, hacer las paces con ella, ser felices, comer perdices y todo ese rollo?». **La respuesta es sí y, al mismo tiempo, no. Es mucho más sencillo y complejo.**

Sí, la ansiedad va a estar ahí en algún lugar de ti misma, acompañándote y, sobre todo, protegiéndote. Eso **es buena señal**, significa que eres humana, que estás viva y que tu sistema interno (cuerpo) está más que dispuesto a defenderte si percibe alguna posible amenaza. Pero eso no quiere decir que esta relación tenga que ser siempre igual. El propósito de este libro es que puedas reconectar contigo y con esa parte de ti que necesita ser escuchada y atendida, esa que se manifiesta en forma de ansiedad para que puedas recuperar el control de ti misma. **La ansiedad debe entender que tú estás lista para hacerte cargo de esos miedos desde la calma, la curiosidad y la ternura.**

Puede que esto último te suene un poco hippy, pero pronto entenderás de qué te estoy hablando y todo comenzará a cobrar sentido. Siempre les digo a mis pacientes que el proceso en terapia es como si soltaras una **bomba de purpurina**: al principio todo parece desordenado, brilla, flota sin rumbo y no sabes muy bien qué hacer con ella, pero luego, poquito a poco, cada partícula encuentra su sitio y se va colocando donde tenía que estar.

A lo largo de las siguientes páginas, vas a encontrar un enfoque cercano y práctico. Y, como no quiero que este viaje sea un tostón, me comprometo a hacerte reír mientras le das vueltas al coco.

Quiero mostrarte una manera alternativa de ver, entender y tratar la ansiedad.

Conocerás en profundidad de qué hablamos cuando hablamos de esta gran e intensa amienemiga. ¿Sabías que puede haber multitud de formas en la que se manifiesta más allá del típico agobio o estrés que todas conocemos? Hay muchas situaciones que tenemos normalizadas, pero que pueden ser señales de que la ansiedad está haciendo acto de presencia. Por eso es importante aprender a reconocerlas, para poder relacionarnos con ella de una forma más sana.

En los siguientes capítulos, **exploraremos juntas las diferentes caras de la ansiedad y el miedo: cómo se manifiesta, por qué aparece y qué puedes hacer para reencontrar la calma que tanto mereces y necesitas**. También te hablaré de tu mundo interno y cómo aprovecharlo como aliado en este proceso maravilloso a la par que desconcertante.

Muchas pacientes, al igual que yo misma, piensan que lo que les pasa no puede ser normal, que están locas o que nadie las comprende, y se sienten muy solas. Nada más lejos de la realidad: si hiciéramos un club de ansiosas anónimas, podríamos cubrir un continente entero. No tengo pruebas, pero tampoco dudas.

Me encantaría tener la receta mágica para «curarte», entre otras cosas porque si la tuviera quizá estaría forrada y escribiendo estas líneas desde una cama balinesa en mi propia isla privada. Pero el remedio mágico no existe, o al menos aún no se ha descubierto. **Cada persona es genuina y única, igual que su contexto, su realidad y sus experiencias.**

De la misma forma en que nuestras preocupaciones no son las mismas cuando tenemos seis años que cuando tenemos treinta y seis, si en una misma persona pueden cambiar tanto las prioridades, ¡cuánto más pueden llegar a diferir entre diferentes personas!

Mi objetivo con este libro es informar, divulgar y acompañarte desde toda la cercanía que me permitan estas palabras. **Quiero brindarte un recurso útil, pero en ningún caso sustituirá a una terapia psicológica ni mucho menos.** De hecho, si a lo largo de este recorrido sientes que te vendría bien y te animas a tomar la decisión de comenzar tu propio proceso psicoterapéutico, me sentiré orgullosa de haber contribuido desde aquí.

Es posible que algunas cosas te resuenen y quizá te remuevan un poquito, esto es normal. **Déjate sentir y acompáñate con ternura.** Siéntete libre de tomarte el tiempo que necesites para leer, puedes hacer todas las pausas para café que te apetez-

can (yo las estoy haciendo constantemente mientras escribo estas líneas). Respeta cualquier cosa que te pida tu cuerpito: es sabio y no viene mal escucharlo de vez en cuando.

Por mi parte, quiero que en este camino te sientas cómoda, segura, cuidada y acompañada, así que te hablaré como lo haría con mi mejor amiga: de forma clara, cercana, sin muchas florituras y con humor.

Bueno..., ¿preparada? ¡Vamos allá!

1

HOLA, SOY LA ANSIEDAD

Ya debe de ser casi medianoche, todo está oscuro y en silencio, hay demasiado silencio de hecho. Compruebo de nuevo las veinte alarmas del móvil, respiro hondo contando despacio mientras me imagino flotando en una nube bien esponjosita. Uno, dos, tres... «¿Y si no has puesto bien las alarmas y te quedas frita?», susurra la vocecilla que últimamente me acompaña siempre.

Tiro de la colcha para cubrirme hasta las orejas. Quizá así dejo de escuchar el ruido de mi cabeza. Vuelvo a mi nube y sigo contando: cuatro, cinco, inhalo, exhalo... «Ya son más de las doce, solo vas a poder dormir unas seis horas y sabes perfectamente lo mal que te sienta no descansar». Vuelvo a suspirar hondo, intento espantar los pensamientos. «Mañana vas a estar todo el día arrastrándote como un mapache zombi, es imposible que las compañeras del trabajo no se den cuenta de la mala cara, seguro que piensan que eres rarísima».

Sigo concentrada en la respiración y trato de poner en marcha alguna de las sopotomil estrategias que he leído sobre «Cómo relajarse en cinco minutos». Pero... «¿Tienes preparados los papeles para llevarlos al ayuntamiento mañana? Si no lo haces, la vas a liar y lo sabes».

Empiezo a sentir esa sensación cada vez más conocida de presión en el pecho, pero la voz no deja de insistir. «¿Te acuerdas de la noticia que viste el otro día de la chica que sufrió una extraña crisis mientras dormía y no despertó? ¿Y si eso es lo que está pasándote ahora? Uf, tiene mala pinta, ¿eh?».

De repente, comienza a expandirse un calor desde el cuello al resto del cuerpo. Incluso juraría que desde fuera deben escucharse de manera clara los latidos de mi corazón como una batucada.

¿Te resuena algo de lo que acabas de leer? ¿Has tenido alguna vez este tipo de conversaciones internas con esa parte «agobiada» de ti?

¡Enhorabuena, la ansiedad ha llegado a tu vida!

Imagino que, si la ansiedad tomara forma, te podría decir algo así como: «¡¡¡Felicidades!!! Ahora eres socia honorífica de mi club». Está muy solicitado y además incluye regalos de bienvenida muy chulos: capacidad de controlar mil cosas a la vez, estado de hiperalerta para estar segura de que no va a pasarte nada malo, memoria de elefante para conversaciones que tuviste hace dos años, capacidad de anticiparte a una gran variedad de futuros alternativos y muchísimas más ventajas relacionadas con todo tipo de pensamientos catastróficos. También puede proporcionarte síntomas físicos y sensaciones en partes del cuerpo que ni sabías que existían. Como si te dijera: **«Puedo parecer muy intensa, pero todo esto lo hago por ti, estoy segurísima de que me necesitas y aquí estoy para ayudarte»**.

Empecemos por el contexto

Lo de hablar con tanta apertura sobre la ansiedad es algo relativamente nuevo. Ahora tenemos más información acerca de la regulación emocional, los tiempos cambian y se le da más importancia a la salud mental. Puede que quizá desde hace unos años para acá haya habido incluso un bombardeo mediático sobre el tema, así que hay mayores probabilidades de que nos sintamos identificadas con lo que leemos, nos cuentan otras personas, vemos en la tele o las redes sociales y detectemos sintomatología como producto de nuestra querida amiga ansiedad y no como clara señal de que estamos «delulu». Pero, amiga, hasta bien entrados los 2000, la situación era muy diferente.

Para ponerte un poquito en contexto histórico: muchas veces bromeo con mis pacientes con la idea de que, si hubiéramos vivido en la Edad Media, lo más probable es que nos hubieran quemado en la hoguera por brujas. ¿Imaginas lo que sería tener un ataque de pánico mientras estás comprando harina en la plaza del pueblo? Como mínimo se consideraría una posesión diabólica.

¿Sabías que hay registros sobre la angustia y la ansiedad que datan del año catapún? Para ser más exacta, filósofos y médicos grecorromanos ya escribían sobre esta aflicción. Pero, tranquila, este libro no va de historia, no me voy a remontar tanto tiempo atrás. Mejor avancemos unos cientos de años.

El *boom* de la psiquiatría y la psicología, disciplinas que se ocupan del estudio y tratamiento de la ansiedad, se dio sobre todo a principios del siglo XX. Uno de los pioneros tal vez te suene: Sigmund Freud, el señor padre del psicoanálisis. Muchos más autores comenzaron a estudiar y tratar los trastornos del estado de ánimo.

Como dato curioso, **en aquella época se hablaba más bien de neurosis, entre las que se encontraba la histeria**. Esta se definía como una enfermedad mental en la que existía una emocionalidad muy intensa y descontrolada, la cual afectaba a una parte de la población muy concreta: las mujeres. De hecho, la palabra «histeria» procede del término griego para «útero» debido a la creencia que existía de una predisposición innata en las mujeres a este tipo de neurosis. (Lo sé, ¡muy fuerte! Por eso el contexto histórico es tan importante).

Con el paso de los años, se fue otorgando más espacio a la salud mental y al estudio de la mente. El mundo estaba cambiando y diversos eventos históricos pusieron de manifiesto nuevas psicopatologías, como el estrés postraumático que presentaban muchos soldados tras regresar de la Primera y Segunda Guerras Mundiales.

Poco a poco, la ansiedad fue ocupando más espacio y hacia las décadas de los 70 y 80, el *Manual diagnóstico y estadístico de los trastornos mentales* definió con mayor claridad la ansiedad como una **reacción emocional y fisiológica excesiva o desproporcionada**. Aun así, la salud mental seguía relegada al ámbito clínico, es decir, **de consulta hacia dentro**. La desinformación y la idea de los trastornos emocionales, como la depresión o la ansiedad, eran sinónimo de locura y siguieron presentes hasta no hace mucho.

Tampoco creo que ayudara mucho la forma en que se reflejaban los problemas psicológicos a través del cine, por ejemplo, que reforzaba el estereotipo de personas locas, desquiciadas, peligrosas, medicadas hasta las trancas y fuera de control. **Lo más lógico era que sintiéramos recelo al hablar de estos asuntos.** Por lo general, tratamos de evitar los temas que nos hacen sentir vergüenza, incomodidad e incluso miedo. «¿Qué pensarían de mí si supieran que tomo medicación para la ansiedad? Seguro que creerán que no soy funcional». *Et voilà!* La salud mental, como tantos otros temas tabú, no era algo agradable, se invisibilizaba y se trataba de no hablar de ello.

La llegada de internet supuso un antes y un después. De repente, teníamos acceso a casi cualquier información con un clic. Se abrió la puerta no solo a la divulgación y a un mayor conocimiento sobre la salud mental, sino también a compartir testimonios y experiencias en foros, blogs y redes sociales. Al sentirse identificadas con estas experiencias, muchas personas comenzaron a alzar la voz, desmitificaron poco a poco estigmas y se normalizó la importancia de la salud mental.

Alivia saber que no estamos solas, que las vivencias que tanto nos empeñamos en esconder por miedo al qué pensarán o mostrarnos vulnerables las comparten muchísimas personas con diferentes realidades y contextos.

Romper el silencio y alzar la voz
es tremendamente empoderador.

Otro evento que está claro que marcó un hito fue el COVID-19. **Es curioso que tuviera que llegar una pande-**

mia mundial que nos encerrara para que nos permitiéramos abrirnos como nunca. Las instituciones se hicieron eco de la importancia de abordar de manera urgente la creciente demanda de atención psicológica. La palabra «ansiedad» empezó a aparecer cada vez más en nuestras conversaciones y también aprendimos como sociedad conceptos psicológicos (mal utilizados muchas veces, por desgracia) que antes eran desconocidos. De repente, se empezaron a popularizar términos como TOC, hipocondría, trauma, crisis de ansiedad, ataques de pánico, alta sensibilidad, pensamientos intrusivos... **Hemos pasado de estar desinformadas a sobreinformarnos con contenido que muchas veces es desorganizado y caótico.**

La información es maravillosa, ya sabes lo que dicen: «La información es poder». Además, tenemos derecho a aprender y acceder a aquello que antes quedaba relegado a muy pocas personas o entornos muy reducidos. **Pero, al menos bajo mi parecer, tras este cambio de paradigma hay una parte no tan positiva.** Hay tantas voces hablando de salud mental que es fácil perderse entre la información que es valiosa y correcta y la que no tiene más base que la experiencia y el juicio propio de la persona que lo comparte.

Es posible que sigas miles de cuentas diferentes, escuches otros tantos pódcast, leas un poquito de aquí y de allá, que estés hecha un lío... **Quizá estés buscando un poquito de claridad entre tanta tormenta. Si es así, espero de corazón que aquí la encuentres.**

Este libro no pretende darte una fórmula mágica, sino ofrecerte una mirada más diferente, compasiva y realista. Hablaremos de la ansiedad como una parte más de nosotras a la que hay que atender. Aquí encontrarás una conversación honesta escrita desde la psicología, pero también desde la piel. **Es un honor acompañarte en este viaje de autoconocimiento.**

Antes de seguir, déjame decirte que lo estás haciendo bien. Te recomiendo que te quedes con aquello con lo que te sientas a gusto. Si hay algo que te chirríe y te incomode o si notas esa especie de sensación de «Tengo que leer y enterarme de todo para hacer las cosas bien…», recuerda que no hace falta que devores el libro.

Date un poquito de espacio, es tu proceso, ve a tu ritmo. Tú pones los límites y las condiciones.

Me parecía importante comenzar con un poquito de contexto para mostrarte que, aunque muchas veces podamos sentirnos bichos raros, **la ansiedad no es ni mucho menos una problemática exclusiva y solitaria**. Se ha tratado y visto de formas muy diferentes a lo largo del tiempo, y esta información nos ayuda a entender mejor **por qué hoy estamos en el punto en el que estamos**.

Y sí, hoy en día podemos hablar de nuestra querida amiga con más soltura, pero seguimos teniendo ideas que se alejan mucho de la realidad. Por ejemplo, muchas personas siguen entendiendo la ansiedad como «estar muy nerviosa», «preocuparse mucho por cosas sin importancia» o como una incapacidad para controlar las emociones.

También se presenta a veces como una debilidad, falta de fuerza de voluntad e incluso capricho o llamada de atención. Si estás leyendo este libro, tal vez estarás de acuerdo conmigo en que, si quisieras llamar la atención, elegirías otras mil opciones antes que esta. En serio, ¿firmas si te dijera que saliendo a la calle con un sombrero de frutas no tendrías que preocuparte por la ansiedad nunca más? Yo habría firmado con los ojos cerrados en más de una ocasión.

Siguiendo con la debilidad, es común el mensaje simplista de que solo tienes que poner de tu parte, que no debes dejar que ella te domine, que no sales de esa situación porque te sientes cómoda con ella, bla, bla, bla... Como si fuera cuestión de echarle ganas y ya estaría. ¡Ja! Permíteme que me ría mientras me tomo mi tercera tila, gracias.

Luego está el clásico: «Es que ahora está de moda decir que tienes ansiedad».

Puede que hayas escuchado esta frase más de una vez, incluso en tono de burla. Algo que es cruel y desproporcionado. La ansiedad no es algo nuevo, la novedad es que ahora sea visible. Hoy podemos hablar de lo que antes no nos atrevíamos por miedo a que no nos entendieran o a sentirnos bichos raros. Así que no, no es una moda, es dar voz a lo que estaba oculto.

La ansiedad es más que una emoción: es un conjunto de sentimientos, experiencias, miedos, anhelos...

Es compleja y un mundo en sí misma, así que cada persona que la padece la experimentará de una manera única.

Es como una especie de **sistema de alarma interno** que se activa cuando detecta algún posible peligro y se pone en marcha para proteger al cuerpo. En su justa medida, la ansiedad es útil, el problema viene cuando esa alarma se activa a todas horas sin que exista un peligro real.

En términos simples, la ansiedad es una respuesta completamente humana y necesaria para la supervivencia, sin ella no habríamos pasado del Pleistoceno. Por tanto, no solo no constituye una debilidad, sino que nos otorga la fuerza necesaria para la supervivencia, que no es poco.

Así que es injustísimo culpabilizarnos por encontrarnos mal. No, no es una cuestión de voluntad y ya. Tampoco es capricho, no es falta de ganas... Es mucho más complejo. Nadie quiere sufrir, pero a veces el cuerpo nos habla de formas que pueden hacer pupa.

¿Qué tal si en lugar de ignorarlo le damos espacio y tratamos de hacer una buena lectura de lo que necesita?

La señora de las cavernas

En consulta, siempre cuento esta historia que ahora voy a compartir también contigo. He perdido la cuenta de las veces que he hablado de la señora de las cavernas haciendo cosas de cavernícola, pero, por extraño que parezca, esta metáfora explica de forma sencilla la forma que puede tomar la ansiedad en el día a día y cómo se desencadenan todas esas reacciones internas asociadas a ella que nos pueden generar tanto malestar.

Imagina que eres una señora de las cavernas dando tu rutinario paseo matutino por los aledaños de la cueva. Estás pensando en las típicas cosas de cavernícola, como en si hoy desayunarás antílope con bellotas o un poco del mamut que sobró de anoche, cuando de repente algo llama tu atención. Oyes unos pasos que se acercan rompiendo las ramitas del suelo, ves una sombra extraña de un bicho muy muy grande y hueles ese tufo a león que echa para atrás. **¡Exacto, es un león y estás en peligro de muerte!**

La información que has recogido gracias a los sentidos va directa a la amígdala. Esta parte del cerebro se parece a una almendrita y tiene la capacidad de pulsar el botón de «peligro» para activar el modo lucha o huida, la respuesta que se activa en nuestro organismo ante una amenaza para nuestra integridad o supervivencia. Cuando la amígdala da la alarma, el sistema nervioso calienta motores y pone en marcha la liberación de hormonas del estrés como el cortisol y la adrenalina. Así, el cuerpo entiende que la idea es salir por patas y que necesita pisar el acelerador a fondo. El corazón bombea con fuerza para llevar sangre a las extremidades, los músculos se tensan, la respiración se acelera para tener un aporte extra de oxígeno, las pupilas se dilatan y se crea esa especie de visión en túnel ideal para ver el peligro mientras corres cual gacela.

La adrenalina hace que se concentre sangre en determinadas zonas y el aumento del flujo sanguíneo genera un calor repentino, sobre todo en el pecho y la cabeza, que va irradiando al resto del cuerpo (aunque a veces puede sentirse frío o incluso entumecimiento). La tensión muscular y la hiperventilación provocan desde hormigueos y cosquilleos a mareo o sensación de inestabilidad o irrealidad.

Como humana prehistórica experta en luchar por tu vida, toda esta activación te movilizará para huir y salvarte. Además, esas extrañas sensaciones físicas se asociarán a la situación vivida.

Llegarás a tu cuevita todavía con el sustazo en el cuerpo y, poco a poco, te irás relajando cuando entiendas que estás fuera de peligro. **¡Éxito, una vez más los instintos salvando a la especie humana de la extinción!**

Esta respuesta ha sido y es tan eficaz que, aunque hayan pasado milenios, se sigue replicando. La diferencia es que puede que lo que ahora consideramos peligroso no sea un león, sino un espacio lleno de gente o una preocupación muy grande (estar pendiente de un cambio de residencia por trabajo y todo lo que ello conlleva o conducir), por ejemplo. No es el mismo peligro, pero, por razones que más adelante veremos, se percibe igual, así que el sistema de huida se activa en situaciones donde puede quedar un poco raro salir corriendo. Esto hace que sientas todo el miedo y el pánico destinado a movilizarte mientras estás sentada en el bus y no entiendes por qué, pues no existe un peligro real al que asociarlo y esto desconcierta mucho.

La ansiedad es un estado de miedo y preocupación excesiva. No es exactamente una sola emoción, sino más bien un estado que comprende un popurrí de emociones, pensamientos, sensaciones y reacciones hacia lo que el cuerpo entiende como peligroso o incierto. Es una respuesta lógica propia de un sistema tan perfeccionado como es el organismo humano y viene acompañada de un conjunto de respuestas internas que se activan para ponernos a salvo de un peligro, ya sea real o imaginario.

Se manifiesta básicamente a través de **tres sistemas de respuesta**:

- **Corporal** (lo que sentimos)
  Sensaciones físicas que son el resultado de la activación de la alerta del organismo: sudoración, taquicardia, calor, tensión muscular, respiración agitada...

- **Cognitiva** (lo que pensamos)
  Esos pensamientos que suelen comenzar con un «Y si...». Y si me pasa algo malo, y si sale mal, y si no me toman en serio, y si nadie me aguanta, y si siempre voy a estar así...

- **Conductual** (lo que hacemos)
  La forma en que actuamos para huir, sortear o reducir el malestar. Por ejemplo, evitar estar en sitios con mucha gente porque esto nos agobia, tratar de entretenernos para no pensar en lo que nos preocupa, irse de un lugar cuando sentimos incomodidad o malestar...

Cuando toda esta activación excesiva se cronifica y no aparece solo de forma puntual (lo cual es natural), sino que se vuelve una okupa en el cuerpo, puede llegar a interferir mucho en el día a día.

Por eso aquí es importante diferenciar entre **ansiedad adaptativa y ansiedad desadaptativa**. La primera es la respuesta natural de la mente y del cuerpo para ajustarse a situaciones que interpreta como un desafío. Por ejemplo, si no me suena el despertador y tengo que darme mucha prisa para llegar a tiempo al trabajo, necesito que mi cuerpo active el modo «correeeeee» para ahorrarme un disgusto, como una posible reprimenda de mi jefe. La ansiedad desadaptativa también es una respuesta natural del organismo, pero en este caso se da sin que haya una aparente situación de peligro real. Por ejemplo, si estoy tranquilamente en mi sofá viendo una serie y de repente noto que se me acelera el corazón sin motivo, no hay peligro real, pero mi cuerpo reacciona como si lo hubiera. El modo alerta se activa y sentimos malestar en cualquier espacio, aunque en el fondo sepamos que estamos a salvo.

El verdadero problema surge cuando estos niveles de ansiedad no nos dan tregua y se mantienen durante periodos largos de tiempo, lo que se conoce como **«cronificación»**. Cuando esto ocurre, es como si la ansiedad se quedara en tu sofá cama de manera indefinida cuando se supone que solo venía de visita un par de días.

Se trata de pura economía mental. Nuestro prodigioso cerebro es un crack y toma decisiones magistrales. Esta es la conclusión a la que llega: activar el sistema de alerta del organismo exige mucha energía y prefiere ser eficiente. «Que si percibo el peligro, que si mando esta información a la amígdala para que ponga en marcha la respuesta de huida, que si respondo al peligro, que si vuelvo a la calma... Uf, mucho rollo. Mejor mantengo el nivel de alerta ahí activo todo el tiempo en segundo plano por si acaso se me pasa por alto algún peligro».

¿Conoces los sistemas de sensores de asistencia de aparcamiento de los coches que pitan cuando estás muy cerca de un obstáculo? Pues la cronificación son esos sensores pitando a todas horas, aunque no haya obstáculos, lo que acaba por gastar la batería. Lo bueno es que, igual que podemos llevar el coche al taller para que un técnico le eche un vistazo y reajuste los sensores, nosotras también tenemos la capacidad de equilibrar y reestablecer nuestro sistema de alerta.

¿Por qué me amargo la existencia? Y... ¿puedo dejar de hacerlo?

Si me dieran un euro por cada vez que me han preguntado en consulta: «Erica, ¿por qué mi cuerpo me hace esto? ¿Por qué me autosaboteo de esta manera?», sería asquerosamente rica. No obstante, entiendo que puedas plantearte por qué el organismo reacciona como lo hace, pues yo también he sentido la frustración y la impotencia de no entender por qué me amargo la existencia.

Estamos de acuerdo en que tener ansiedad puede generar una gran incomodidad y malestar, pero no estaría en la lista de deseos si pudieras elegir.

Pero qué injusto es sentirnos mal o culpables por algo que no podemos evitar. Tanto con esa parte que trata de ayudarnos como con nosotras mismas.

«Confía en tu prodigioso cerebro», nos decía la psiquiatra Anabel González una y otra vez en una formación hace unos años...

Esa frase se me quedó grabada a fuego. Porque este mundo loco nos mantiene tan desconectadas de las emociones y del mundo interno que **se nos olvida que la tendencia automática del cuerpo es protegerse**.

El cuerpo es muy sabio y por lo general trata de encontrar el equilibrio, trabaja 24 horas 365 días al año para tu bienestar. La ansiedad aparece ahí para protegernos, es una luchadora nata que te acompaña para que estés a salvo, estable y bajo control. Es un poco como la fiebre. La fiebre es una respuesta que activa el organismo si detecta que hay alguna infección, bacteria o virus. Sube la temperatura corporal para hacer frente a aquello que esté haciendo daño al cuerpo. Es un mecanismo superútil y protector, pero también es muy incómodo tener fiebre: te duele todo, estás muy cansada, tienes escalofríos y moverse puede ser toda una odisea. **El cuerpo no nos traiciona, sino que reacciona, aunque esa respuesta nos haga papilla durante unos días, semanas o meses.**

Con la ansiedad pasa lo mismo: aunque parezca mentira, no es la enemiga, es la mensajera.

Y, cuanto más nos empeñemos en ignorarla, más alto tendrá que gritar para que nos llegue el mensaje. Sea cual sea este, nuestro trabajo es darle espacio para tomar consciencia de qué nos está pidiendo y qué necesitamos.

Así que mi respuesta a la pregunta del comienzo de este apartado es sencilla, aunque tal vez te resulte desconcertante: «Lo sé, es un asco, pero no te estás autosaboteando, ¡te estás salvando! **Ahora es el momento de acercarnos por fin a la ansiedad en lugar de evitarla a toda costa, para ver qué tiene que decirnos.**

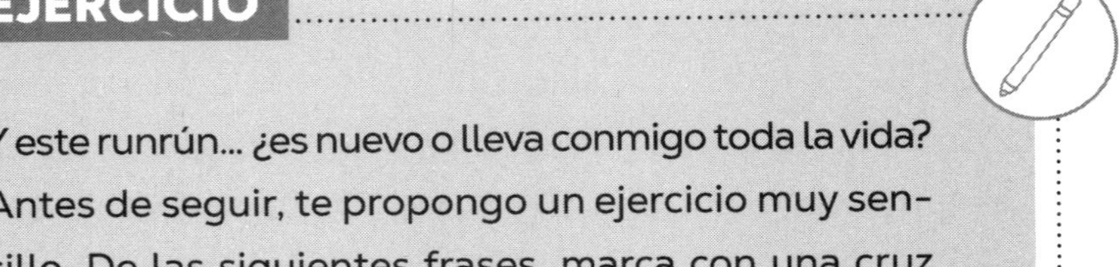

EJERCICIO

Y este runrún... ¿es nuevo o lleva conmigo toda la vida? Antes de seguir, te propongo un ejercicio muy sencillo. De las siguientes frases, marca con una cruz aquellas creencias en las que te sientas o te hayas sentido alguna vez identificada (total o parcialmente).

- [ ] Voy a pisar solo las líneas blancas del suelo y así no me pasará nada malo.
- [ ] Si no enciendo y apago la luz tres veces seguidas, pasará algo malo.
- [ ] Si no les doy un beso a mi madre y a mi padre antes de irme al cole, les puede pasar algo terrible.
- [ ] Si no compruebo varias veces que la puerta de la calle está bien cerrada, entrará un ladrón.
- [ ] Tengo que poner la mochila justo encima del escritorio o se me olvidará.
- [ ] Si pienso en algo malo, seguro que pasa, así que tengo que pensar algo bueno inmediatamente después para evitarlo.
- [ ] Si acierto y encesto esta bolita de papel en la papelera, apruebo el examen.
- [ ] Añade las tuyas propias:

....

....

....

....

....

....

....

¿Te resulta familiar alguno de estos pensamientos? ¡Vaya, en ese caso parece que la ansiedad ya ha estado flotando por ahí desde el día uno!

La ansiedad no siempre surge en la edad adulta. Es curioso que solamos descartar la capacidad de sentir ansiedad en la infancia, a no ser que esa niña viva en un entorno estresante, desestructurado, peligroso o problemático. **Y nada más lejos de la realidad.** Ya hemos visto que la ansiedad es un mecanismo de defensa esencial y necesario cuando nos sentimos en peligro, pero también es una respuesta ideal cuando necesitamos tomar el control de la situación y sentimos que esa seguridad se nos escapa de las manos.

De pequeñas también podemos sentir ansiedad por muchos motivos, que seamos niñas no quiere decir que no seamos humanas. A lo mejor no te preocupa el trabajo como a tu versión adulta, pero sí el cole, aquello que te dijo esa profesora, si aprobarás o no el examen de Mates, si tendrás compi de bus para la excursión del próximo miércoles... Los motivos que pueden generar ansiedad son tan variados como las diferentes realidades y contextos de cada persona, así como la sensibilidad y la forma de procesar la información de cada una.

La diferencia es que por lo general éramos demasiado niñas para reconocer siquiera lo que sentíamos, y mucho menos teníamos los recursos para afrontarlo. **Necesitábamos que alguien nos diera la seguridad que nosotras todavía no podíamos darnos.** Por eso son tan importantes nuestras figuras de referencia, por lo general mamá, papá o las adultas que estén a nuestro cuidado. Aprendemos a regularnos a través de esas personas, de cómo nos acompañan cuando lo necesitamos. A veces no podemos tener esa referencia, al menos en todos los contextos, ya sea porque no estén a nuestro lado a nivel físico o porque quizá nosotras mismas no éramos conscientes de lo que estábamos sintiendo y, por lo tanto, no teníamos la capacidad de trasladarlo y pedir ayuda.

De ahí que el cerebro se ponga en marcha y utilice una estrategia sublime, aunque molesta, desagradable y confusa. La mente se dice: «Como hay muchas situaciones que no puedo controlar, voy a crear otras que sí y, además, basaré en ellas la certeza y seguridad que necesito». Hay que reconocer que es todo un planazo. Y así, empezamos nuestros pinitos con los pensamientos «mágicos» de «si hago esto, estaré a salvo».

La ansiedad es por tanto una parte esencial de nosotras que siempre ha estado de una u otra manera, puede haber estado patente desde que eras bien pequeña o no. Es posible que la ansiedad haya hecho su función sin alarmar más de lo necesario y que sea más adelante, ya de adulta, cuando suceda algún detonante que la despierte con fuerza. Estos detonantes pueden ser grandes cambios (trabajo, estudios...), pérdidas de personas a las que queremos (relaciones románticas o de amistad que se terminan, muerte de seres queridos...) o un cúmulo de varias experiencias dolorosas a nivel emocional.

Como ves, la raíz de todo es la misma: la necesidad de control, seguridad y estabilidad.

¿Y si la ansiedad fuese solo una parte más de mí?

En estas páginas, hemos visto brevemente qué es la ansiedad y cómo puede condicionarnos la vida (más adelante profundizaremos en ello, no te preocupes; aquí vamos paso a paso). Sabemos que es una respuesta natural y que, aunque su origen lo marcarán la situación, los miedos y las preocupaciones de cada una, se presenta de formas muy similares en la mayoría de las personas. **Consuela saber que no estamos solas en el club.**

A veces sentimos que estamos divididas por dentro, como si una parte de nosotras nos dijera: «¡Haz esto, atrévete!» y otra dijera: «¡No, qué miedo! ¿Y si sale mal? ¿Y si me sucede algo malo?». Es como si tuviéramos una reunión de pequeñas partes de nosotras mismas hablando y opinando todas a la vez. Entre todas ellas, en ocasiones hay una que habla más rápido, más alto, con más urgencia... La ansiedad.

Entonces... ¿y si la ansiedad es mucho más que una reacción automática? ¿Y si es una parte de nosotras con sus propios miedos, preocupaciones y motivación? Si algo queda claro es que su misión más importante es mantenernos seguras.

En los próximos capítulos exploraremos esta visión, vamos a darle espacio a esta parte para entender de dónde viene, qué necesita y por qué reacciona como lo hace.

La ansiedad es una guerrera con una clara misión:
APORTAR SEGURIDAD Y PROTEGERNOS.

A lo largo de las siguientes páginas vamos a darle el protagonismo que necesita, pero también aprenderemos a ponerle límites y liberarla de la inmensa carga que sostiene. Qué difícil debe de ser para ella sentir que está sola y que tiene la responsabilidad de mantenernos con vida. ¡Madre mía, es *too much*!

Conoceremos en profundidad a esta parte desde la curiosidad y la compasión, no como una enemiga, aunque pueda parecerlo, sino como una amiga muy compleja.

Te invito a abrir la mente y a indagar en esta parte ansiosa en lugar de luchar contra ella. Esto no quiere decir que nos resignemos a vivir así y ya. Significa que vamos a enseñar a la ansiedad cuál es su lugar y que nosotras somos perfectamente capaces de sostenernos cuando contamos con las herramientas necesarias para brindarnos la seguridad que buscamos y nos merecemos.

¡Empecemos!

2

VAMOS POR PARTES: LAS MIL CARAS DE TU AMIGA LA PESADA

Suena el despertador por cuarta vez y por fin me dispongo a abrir los ojos. ¡Comienza otro maravilloso día en Villa Agobio! Cuento mentalmente hacia atrás: tres, dos... y ¡exacto! Antes de que llegue al uno, ahí está, haciendo su espectacular entrada tirándose en la cama sobre mí.

—¡Me acabo de despertar y ya me estás ahogando!» —le digo mientras trato de coger aire.

—Sí, ya lo sé, y menos mal que he llegado, porque te ha faltado nada para quedarte dormida. De nada, ¿eh? Venga, toca hacer las comprobaciones matutinas.

Conozco a mi ansiedad lo suficiente como para saber que es inevitable lo que viene ahora...

—OK, ¿preparada? —me pregunta sacando su famosa lista—. Vamos, rapidito, que se hace tarde. A ver, ¿estás mareada? ¿Hay alguna sensación extraña en el cuerpo señal de muerte inminente? ¿Puedes respirar bien? ¿Qué tal va ese nudo en la boca del estómago? ¿Pulsaciones? ¿Fiebre?

Todavía estoy sentada en la cama mirando al vacío mientras repaso todas las preguntas y confirmo algunas de ellas. Estoy algo mareada y siento presión en el pecho. Me levanto y voy arrastrándome hacia la cocina, ella va corriendo como siempre y me adelanta por la izquierda.

—¡Venga, vamos, hay que pensar en todo lo que puede salir mal hoy!

Pongo los ojos en blanco y le dedico mi cara de: «Estoy hasta las gónadas de la misma cantinela día sí y día también», pero sigue tan concentrada en su lista que ni se entera.

—¿Podrías dejarme al menos que me tome el café antes de seguir? —le pregunto. Ella murmura algo que no comprendo bien, pero consigo que pare casi dos minutos enteros. ¡Guau, debe de ser un récord!

—¿Estás segura de que el café es una buena idea? Bueno, tú sabrás...

Le gruño un poco, ella sabe que el café es sagrado. Golpetea con impaciencia los dedos sobre la mesa y sigue con su lista.

—Hoy vas en bus al curro. Bien, sabemos que hay mucha gente y existen posibilidades de ataque de pánico, necesitamos que tengas a mano el móvil por si tienes que llamar a alguien y, recuerda, que nadie se dé cuenta. ¡Qué vergüenza! Por otro lado, estaba pensando en lo que le dijiste ayer a Elena... No sé qué va a pensar de ti, así que ahora le mandas un audio para comprobar que no está mosqueada. Hoy hay muchas cosas que hacer, uuuf, va a ser un día duro, ¿eh? ¿Y si te quedas en casa y finges que estás enferma? Bueno, mejor no, tienes que poder con todo.

Observo cómo da vueltas por toda la casa, corre que te corre, poniendo pósits de asuntos que no debo olvidar por aquí y por allá.

¿Cuánto tiempo ha pasado desde que llegó? Ya no lo recuerdo. En realidad, la entiendo, trata de mantener todo bajo control, pero me saca bastante de quicio. No paro de decirle que se vaya y me deje tranquila, pero insiste en que la necesito...

Este puede ser el comienzo de un día cualquiera en una persona con ansiedad.

Quizá esta relación con esa ansiedad sea algo que resuena contigo. Es algo así como convivir con una amiga muy intensa y controladora que no te deja ni un minuto para respirar. Lo curioso es que hay un punto en el que ya no puedes vivir más con ella, pero tampoco te imaginas la vida sin su presencia. Se genera así una especie de relación codependiente que se retroalimenta en bucle: me siento insegura, la ansiedad aparece para ayudarme a mantenerme en alerta y controlarlo todo, me agobio porque me hace sentir mal y trato de luchar contra ella, baja la ansiedad y me relajo un poquito, me asusto porque siento que puedo perderme algún peligro, me siento insegura **y vuelta a empezar**.

Cuando este estado se cronifica durante largo tiempo y esa faceta ansiosa se adueña de gran parte de tu vida, **es posible que te olvides de cómo eras antes de que apareciera la ansiedad o incluso de que hubo un antes**. Te mimetizas de tal forma con ella que ya no ocupa solo un pequeño espacio, sino que, sin saber cómo, parece que se ha adueñado de tu cuerpo y ahora es la que pilota la nave.

En este capítulo vamos a presentar a la ansiedad como lo que es: una parte de ti, un personaje interno con su propia función, pero que no tiene por qué definirte por completo.

No eres tú, es solo una parte entre otras muchas que está invadiendo a todas las demás.

Para ello utilizaremos un enfoque llamado Internal Family Systems (IFS), en español «sistema de familias interno«, creado por el psicoterapeuta estadounidense Richard Schwartz. Este sistema plantea que **en nuestra mente conviven todo un sistema de distintas partes y cada una de ellas tiene un rol concreto**.

¿Has visto la película de Disney *Del revés*? Si no la has visto, aprovecho para recomendártela. La trama sigue el funcionamiento del mundo interno pilotado por las emociones personificadas de la protagonista, una niña llamada Riley en pleno proceso de autodescubrimiento. En la peli, se representan varias emociones básicas y el papel de cada una de ellas, lo que activa en Riley desde el asco al miedo, la tristeza, la alegría o la rabia. Aunque en este largometraje no se presenten partes, sino emociones, nos puede ayudar un poco a entender el concepto del IFS por la diferenciación y la complejidad de cada emoción como personajes únicos con sus propias preocupaciones y objetivos. Pero esto es solo un adelanto y no quiero liarte, en los siguientes puntos te lo explicaré mucho mejor.

EJERCICIO

Te propongo un ejercicio sencillo. **¿Te has parado a pensar cómo te encuentras ahora mismo y si necesitas algo?** Hagamos un pequeño repaso:

- Tómate un momento para observar el espacio en el que estás aquí y ahora.
- Comprueba si estás cómoda o necesitas algo. ¿Quizá estirar el cuerpo? ¿Bostezar? ¿Levantarte y pasear un poco? ¿Comerte una croqueta? Cualquier necesidad es válida.
- Chequea cómo te sientes más allá de bien, regular o mal. ¿Estás a gusto? ¿Hay alguna preocupación por ahí rondando? ¿Te sientes con energía o estás algo cansada? Date un momento para darle la bienvenida a lo que sea que sientas.
- Por último, ¿hay algo que puedas hacer ahora mismo para sentirte más cómoda? (Yo mientras escribo estas palabras he decidido que voy a ir a hacerme un cafecito).

¿Qué tal ha sido experimentar este minuto de mirar hacia dentro? Puede que estés acostumbrada o quizá se te haya hecho raro eso de parar. Sea como sea, está bien. Te invito a que trates de hacer este tipo de pausas más a menudo. Yo lo llamo «poner el modo avión»; algunas pacientes lo llaman «modo terapia», y esta idea también me gusta mucho.

Tu mundo interno

¿Sabías que dentro de cada persona habita todo un mundo interno? Un mundo inmenso lleno de todo aquello que te hace ser quien eres. Repleto de ideas, pensamientos, deseos, creencias, recuerdos, miedos, objetivos, sueños, emociones, sentimientos... Es increíble el espacio infinito que puede haber dentro de cada una de nosotras.

Como este libro, todas tenemos un mundo externo y un mundo interno: lo que se muestra a simple vista y lo que se esconde tras la portada. Podríamos decir que nuestro mundo interno es como el contenido de una obra, todo lo que no se ve a simple vista: índice, dedicatoria, prólogo, los capítulos más íntimos e incluso las notas en los márgenes. Mientras que la portada representaría el mundo externo con sus colores, textura, tipografía y breve sinopsis.

Como en la portada de un libro, lo externo muestra varios elementos y da información, pero solo la que se decide compartir de manera intencional.

Solemos mostramos como nos gustaría que nos vieran, lo que creemos que puede gustar o resultar apropiado. Pero incluso así, por mucho que cuidemos esa portada, hay ocasiones en las que quizá no consigamos transmitir lo que queremos o haya quien lo vea o sienta de manera diferente. **Nuestro mundo externo es aquello que se ve desde fuera**, la imagen física que proyectamos, nuestra forma de comportarnos o relacionarnos con el mundo, lo que decimos o hacemos, lo que decidimos mostrar y aquellos detalles que, aunque no nos gusten tanto, también están expuestos al exterior.

El interior del libro representaría **nuestro mundo interno. Todo un espacio íntimo y oculto a simple vista, pero rico en contenido.** Lo abrimos más o menos según dónde o con quién estemos. A algunas personas les permitimos ojear un poco por encima, a otras les dejamos leer capítulos enteros y hay partes que ni siquiera sabemos que están ahí, hasta nos sorprendemos cuando de repente nos reencontramos con ellas, como pasajes que en algún momento escribimos y olvidamos por completo.

Nuestro mundo interno es algo más grande que un libro. De hecho, podríamos aventurarnos a decir que es infinito. Se pone en marcha desde que llegamos al mundo y, a partir de entonces, no para de crecer y volverse cada vez más rico y complejo. No es rígido, sino todo lo contrario: está en constante movimiento y cambio porque nosotras también lo estamos.

Es una construcción de lo que sentimos o pensamos de nosotras mismas, pero también de lo que percibimos del exterior. Porque recibimos información y la procesamos. Es decir, la interpretamos, le damos forma y la guardamos en aquel rinconcito de nuestro cerebro al que pertenece y ahí queda registrada para usarla más adelante si es necesario y en el formato que corresponda (emoción, recuerdo o idea...).

Cada persona reacciona e interpreta lo que sucede en función de su propio mundo interno, de sus creencias, sus heridas, su historia...

Imagina que dos personas escuchan la misma canción y una de ellas se emociona y no puede contener las lágrimas y la otra ni se inmuta ¿Por qué? Porque cada una está conectando con sus propios recuerdos y emociones. Quizá la primera, al escuchar la canción, recuerda que la primera vez que sonó esa melodía en la radio viajaba en coche con una antigua pareja a la que echa de menos, mientras que la segunda no tiene ningún tipo de conexión emocional con el tema.

También podríamos decir que **es nuestro refugio**. ¿Alguna vez has dicho eso de «Estoy en mi mundo»? En esos momentos conectamos con nuestro mundo interno y nos hacemos bolita en él.

Este mundo, a su vez, está compuesto por diferentes áreas y partes. Es como nuestro propio miniplaneta. Imagina lugares luminosos donde habitan emociones agradables, buenos recuerdos, partes divertidas, animadas con ilusiones y energía. Espacios más sombríos que albergan pensamientos y creencias negativas, recuerdos algo tristes o partes de nosotras que se sienten insuficientes, solas o no vistas. Hay ríos de pensamientos que fluyen todo el tiempo y playas de aguas serenas donde cada gotita de mar es un recuerdo.

No pueden faltar las estaciones: veranos cálidos relajados que aprovechamos para soltar un poco y disfrutar de la tranquilidad e inviernos tormentosos un tanto agobiantes con tanta lluvia de estrés.

Puede que nos sintamos más o menos cómodas en ese mundo interno, la buena noticia es que **tenemos la capacidad de modificarlo y enriquecerlo**.

A veces utilizo con mis pacientes la metáfora de la exploradora: nuestra misión es recorrer y examinar nuestro mundo interno y ver qué tal está todo. Un día podemos hacer barranquismo por un río algo movido y poco explorado, así quizá descubramos que aquello a lo que le teníamos tanto miedo no era más que un lugar que estaba deseando enseñarnos partes de nosotras mismas que necesitaban ser vistas. A lo mejor nos mojamos un poco por el camino, pero la experiencia merece la pena (con calma y acompañamiento si es necesario). Otros días podemos descubrir que hay estructuras de pensamientos que están algo obsoletas y hay que repararlas o cambiarlas por otras más sanas.

Por ejemplo, quizá siempre he tenido la firme idea de que soy un desastre, y eso hace que me sienta insegura con cualquier proyecto que comience, pues doy por hecho que en algún momento la voy a liar y saldrá mal. Esta es una creencia que tal vez he ido creando poco a poco. Si desde pequeña he oído frases como «Es que lo rompes todo», «No prestas atención y no haces las cosas bien», «Así no se hace, déjame a mí que tú no sabes», «A ver qué has hecho ahora»... Cada uno de esos mensajes se vuelve un ladrillo para crear esa estructura que termina convirtiéndose en un muro de inseguridad.

A veces, de repente nos damos cuenta de la existencia de esos muros que construimos sin darnos cuenta. **Cuando eso sucede, tenemos la oportunidad de explorarlo con calma y reconstruirlo.** ¿Dónde están las grietas?, ¿qué partes están bien conservadas y cuáles sería mejor reemplazar por otras piezas nuevas más fuertes? ¿De verdad necesito este muro o puedo reutilizar las piezas para crear algo distinto?

Tenemos la posibilidad de repararlo y transformarlo en un espacio de seguridad y calma. Quizá ese muro se convierta en un bonito jardín y los ladrillos ahora tengan una función diferente.

EJERCICIO

Un vistazo a tu mundo interno

Para ir conectando con esta idea, voy a proponerte un ejercicio que me gusta mucho practicar en las sesiones de terapia. El objetivo es empezar a conocer nuestro propio mundo interno. Este ejercicio tiene dos partes: en la primera, reflexionamos sobre cuánto conocemos nuestro mundo interno y, en la segunda, nos prepararemos para atrevernos a representarlo.

Explorar nuestro mundo interno no es una tarea fácil, pocas veces nos paramos de verdad y con calma a mirar hacia dentro. Es normal, vivimos en la era de la inmediatez y la sociedad nos programa para estar a todas horas creando, haciendo, produciendo... Habitando un mundo así de rápido es complicado parar, coger aire y preguntarnos quiénes somos y cómo nos sentimos en realidad.

1.ª parte. Reflexión

En primer lugar te propongo algunas preguntas para tantear cómo de conectada estás contigo misma. Iremos de las más sencillas a otras más complejas. No tienes por qué contestarlas todas, la idea es tantear el terreno y dejar que las respuestas surjan de manera espontánea. No hay opciones correctas o incorrectas.

¿Cuál es mi color o colores favoritos?

....

....

¿Qué comida me encanta?

....

....

¿Cuál era mi película preferida de pequeña?

....

....

¿A qué lugar me gustaría viajar?

....

....

¿Qué me gusta o me da felicidad?

....

....

¿Qué me disgusta, me pone triste o me da rabia?

....

....

¿Qué emociones suelen estar más presentes en mí?

....

....

¿Qué diría que conozco bien de mí misma?

....

....

¿Qué aspectos desconozco de mí misma o siento que trato de no prestarles mucha atención?

....

....

¿Qué personas son importantes para mí?

....

....

¿Dónde o con quién me siento tranquila y a salvo?

....

....

¿Qué me gustaría conseguir en los próximos años?

....

....

¿Qué me mueve cada día o me motiva para seguir adelante?

....

....

¿Qué haría con mi vida si no tuviera obligaciones y pudiera hacer cualquier cosa?

....

....

Quizá las respondas fácilmente o puede que te quedes un poco confusa. Si es así, tranquila, es normal, tienes toda la vida para seguir conociéndote. El objetivo de estas preguntas es marcar un punto de partida, saber cuánto tienes que explorar en tu interior.

2.ª parte. Representación

Ahora vamos a tratar de plasmar tu mundo interno en un dibujo. Tranquila, no tienes que ser una artista ni mucho menos. Suelta y deja que salga lo que sea: dibujos, formas, colores, símbolos..., da igual, todo es válido.

Tu dibujo puede ser un mapa, una mezcla de elementos, un *collage* de objetos o cualquier cosa que te represente.

Algunas ideas que pueden servirte como guía:

- ¿Qué colores predominan en tu mundo interno? ¿Cuáles son las vibras?
- ¿Se divide en diferentes partes?

- ¿Hay montañas, ríos, caminos, playas? (Como montañas de preocupaciones, ríos de calma, caminos de ideas...).
- ¿Qué clima o climas predominan?
- ¿Quién o qué habita en este mundo?
- ¿Hay lugares borrosos poco explorados?

¡Enhorabuena, acabas de darte un espacio para ti! ¡Te has acercado con cuidado y mimo a ti misma! Espero de corazón que al menos haya sido una experiencia amable.

También puede ser que te encuentres algo revuelta o confusa; no pasa nada, es normal sentir un batiburrillo de emociones cuando miramos hacia dentro.

Te invito a que te hagas algunas preguntas: ¿cómo te has sentido? ¿Qué has descubierto? ¿Hay algo que te haya sorprendido o que no te esperabas?

Recuerda que el mundo interno está en continua evolución y movimiento. Puede que lo que hayas dibujado hoy sea muy distinto a lo que hubieras representado hace un año o lo que puedas hacer al terminar este libro. Te animo a que practiques este ejercicio más a menudo, pues puede ser muy interesante que tengas un registro de esa evolución.

¿Qué es eso de las partes que hay en mí?

Seguro que alguna vez has dicho algo así como: «Hay una parte de mí que piensa una cosa mientras otra parte cree todo lo contrario», «Creo que estoy bien, pero hay una parte de mí que está triste y no sé por qué», «Quiero estar tranquila, pero siento que una parte siempre está alerta y asustada de lo que pueda pasar»... Estos son solo algunos ejemplos, pero de alguna manera solemos ser conscientes de que tenemos diferentes formas de pensar o de sentirnos que coexisten en nuestro interior, aunque puedan parecer contrarias.

La ansiedad representa a menudo una de esas partes diferentes que reconocemos. Hay quien la identifica incluso como una especie de vocecilla que siempre está ahí sacándole punta a cualquier cosa que pueda ser susceptible de provocarnos estrés. Como cuando le das muchas vueltas a un plan que tienes pendiente y piensas en todo lo que podría salir mal. O cuando te duele la cabeza y enseguida te asustas con la idea de que pueda estar pasándote algo grave o tengas alguna enfermedad incurable y terminal.

A lo largo del recorrido que nos queda por delante, vamos a tratar a la ansiedad como una parte más de nosotras, para ello, haremos referencia al modelo IFS (sistema de familias interno). Este sistema nos servirá como base, pero no de manera exclusiva.

El modelo IFS al detalle

Como psicóloga, siempre he tenido una visión integrativa de la práctica clínica. Las psicólogas integrativas integramos (valga la redundancia) diferentes modelos y perspectivas psicológicas y, con ello, les hacemos un traje a medida a las personas con las que trabajamos. Abordar la consulta de esta manera me ha brindado la posibilidad de ampliar mi visión y adaptarme lo máximo posible a las necesidades específicas de cada alma, que es diferente y única.

Uno de estos modelos con el que me siento más cómoda es el sistema de familias interno del doctor Richard C. Schwartz. Este unió **dos paradigmas clave**: la idea de que tenemos una mente plural, llena de partes diferentes que se relacionan entre sí, y el concepto del *self*, que vendría a ser **la esencia de la persona, lo que consideramos nuestro yo más auténtico y genuino**.

Las partes son sistemas mentales independientes. Cada una tiene su paleta de emociones, pensamientos, deseos, formas de actuar y maneras de ver el mundo. Una parte que está triste puede sentir más emociones aparte de la tristeza, como enfado o miedo. Si la vemos solo como una parte triste, nos perdemos todo lo demás. En cambio, si la exploramos como a una persona triste, puede resultarnos más fácil entender que tiene toda una gama de sentimientos y la posibilidad de experimentar otras muchas emociones más allá de la tristeza. Quizá ahora esté pasando por un momento complicado y se siente sola y abandonada, necesita hacerse bola para protegerse, procesar lo que está ocurriendo y, más tarde, pedir ayuda.

Schwartz explica que es como si tuviéramos toda una tribu interior de personas, cada una con una edad, intereses, aptitudes y caracteres diferentes. Y señala:

No existimos en un espacio vacío, sino que convivimos en entornos llenos de múltiples elementos.

La cultura, la sociedad, el momento histórico, la familia, la capacidad económica, el lugar del mundo en el que nos desarrollamos, las personas que tenemos a nuestro alrededor y cómo nos relacionamos con ellas... **Todo afecta a nuestro estado emocional, a nuestra salud mental y a nuestro mundo interno.**

Quizá me sienta más segura y tranquila en un entorno familiar cariñoso y comprensivo, donde haya espacio para compartir preocupaciones y hablar de cualquier cosa, respecto a cómo podría sentirme con una familia poco comunicativa y sin mucho conocimiento sobre inteligencia emocional. Tampoco tendré las mismas preocupaciones si nazco en una punta del mundo o en otra. Un masái verá y experimentará la vida de una forma muy diferente a como podría hacerlo si hubiera nacido en una ciudad europea.

Según este modelo, las diferentes partes conviven relacionándose entre ellas, a veces en armonía y, en otras ocasiones, pueden herirse y tener conflictos entre sí. Para eso está el *self* o el yo del que hablábamos antes, para tomar el mando y liderar el mundo interno, como una directora de orquesta. Las partes serían los diferentes instrumentos que, si suenan en armonía, pueden crear melodías preciosas, pero para ello deben estar bien dirigidas y permitir a la directora hacer su trabajo. Si de repente el pianista decide abandonar su puesto y se revela cambiando el programa de música clásica por rock duro, los demás instrumentos no entenderán bien qué está pasando. Lo más seguro es que la melodía se convierta en un popurrí de sonidos desagradables.

Una de las virtudes de esta sociedad interna de diferentes partes es la autoaceptación, es decir, la capacidad que tenemos de acogerlas a todas ellas sin eliminar ninguna. **Porque la idea no es librarnos de aquellas partes que no nos gustan, sino darles espacio**, escucharlas, observarlas, explorarlas y ayudarlas a soltar las cargas que se lo hacen pasar tan mal. Algunas de esas cargas seguirán estando, pero las partes estarán tranquilas y en paz.

Por ejemplo, una parte enfadada está activa porque necesita estarlo. Está haciendo algo por ti, quizá señalarte que está viviendo algo injusto y que necesita un cambio. Si no le prestas atención o la ignoras, cada vez estará más irritada y gritará con más ahínco para que le hagas caso. Y es que **todas las partes necesitan ser vistas**, en especial si es el momento de atenderlas. Continuando con esta parte enfadada, cuando le damos ese espacio que demanda y escuchamos lo que necesita o por qué está reaccionando así, abrimos un canal de comunicación con ella. Puede que sea un encuentro incómodo, pero nos da la oportunidad de atender sus necesidades.

Acercarnos desde la curiosidad y la amabilidad, y no desde la crítica y el juicio, nos ayudará a que sea más fácil enfrentarnos a la incomodidad.

Según el modelo de Schwartz, hay **tres tipos de roles** que asumen las partes:

- **Exiliados**

Son las partes más sensibles y heridas, han sufrido mucho **y experimentado el rechazo o el abandono y tienen ideas negativas sobre sí mismas**. Están ancladas en las experiencias negativas pasadas.

A menudo tratamos de acallarlas e ignorarlas para evitar sufrir, pero eso no hace que desaparezcan. Por ejemplo, las partes niñas heridas o partes que sienten miedo no se sienten suficientes o tienen una tristeza profunda.

Es esa parte que se siente sola cuando tus amigas no contestan rápido a un mensaje, tu pareja se va de viaje unos días o no te sientes incluida en algún plan... Sientes un vacío profundo e intenso, una sensación de abandono desproporcionada a lo que en realidad está sucediendo. Quizá esta parte exiliada que se activa vivió una situación en la que se sintió sola y nadie la apoyó en un momento en el que necesitaba estar acompañada.

- **Protectores directivos**

Son partes controladoras centradas en mantener la seguridad. Se llaman así porque siempre están dirigiendo, **no les gusta nada la incertidumbre y necesitan estar alerta para que no se les escape nada**. Tienen la necesidad de ser productivas y funcionales, cosa para la que las partes exiliadas les perjudican, así que tratan de mantenerlas a raya, muchas veces negando su existencia. Por ejemplo, partes perfeccionistas, críticas o complacientes.

Es esa parte que sonríe por fuera, pero está agotada por dentro. La que se muestra empoderada, que puede con todo y no necesita ayuda, que trata de aparentar que está todo bien, aunque en realidad se sienta cansada o triste. Es una parte protectora que tenía que mostrarse autosuficiente y que creyó que podía salir dañada si se mostraba vulnerable.

- **Protectores bomberos**

Este grupo **trata de suprimir, anestesiar o desviar la atención de las emociones de los exiliados reaccionando de manera impulsiva**, sin pensar en las consecuencias. Apagan el dolor emocional. Su lema es: «Primero apagamos el fuego como sea, luego ya veremos». Buscan la distracción o el alivio rápido. Pcr ejemplo, partes que comen de manera compulsiva, se autolesionan, se aíslan, consumen drogas o tienen explosiones de ira.

Es esa parte que apaga el enfado con algo crujiente, como cuando discutes con tu pareja por tercera vez en una semana y acabas comiéndote una bolsa de papas fritas enorme y media tableta de chocolate sin darte cuenta; no tenías hambre, pero sentías que tenías que apagar la angustia de alguna manera.

La misión de los bomberos y los directivos es la misma, pero las estrategias que utilizan son diferentes. Los bomberos reaccionan de manera automática e impulsiva y descontrolada apagando el fuego una vez disparada la alarma, mientras que los directivos dedican su energía y sus esfuerzos a ignorar a los exiliados.

Aparte de estos tres roles, está **el *self* o el yo. Es nuestra esencia, nosotras mismas en el sentido más genuino y puro. Es la directora de la orquesta de la consciencia**. Es la mejor líder, siempre y cuando el resto de las partes le permitan hacer su trabajo. Tiene todo lo necesario para el puesto, incluyendo compasión, perspectiva, curiosidad, aceptación y confianza.

Las partes están programadas para proteger al *self* como sea necesario, aunque a veces ese afán de protección se confunde y terminan pilotando la nave. Quieren mantener tan a salvo al yo que las aparta de sus obligaciones, y es entonces cuando se lía el caos, porque estas partes, por mucho que se lo curren y lo intenten, no están preparadas para liderar.

La idea no es que las partes desaparezcan, pero sí sus comportamientos extremos. Todas las partes son valiosas y tienen algo que aportar. De hecho, a veces viene bien que una de ellas tome el control de manera temporal porque tiene las aptitudes necesarias para abordar ciertas situaciones, pero solo un momento y con el permiso del *self*, que volverá a coger las riendas.

No pasa nada si en este momento sientes que es demasiada información o que algunas ideas no terminan de encajar. Poco a poco y a lo largo del libro, iremos retomando, profundizando y aclarando conceptos. Vamos paso a paso.

La parte ansiosa (tu amiga, la más pesada)

Ahora que hemos empezado a entender y a familiarizarnos con el concepto de partes, vamos a centrarnos en la protagonista de este libro. La única, la inigualable, la incomparable: ¡¡¡ANSIEDAD!!!

En lugar de verla como la enemiga pública número uno, te propongo explorarla como una parte más de nuestro mundo interno, con su propia historia, necesidades y razones para estar ahí.

Estamos de acuerdo en que la ansiedad resulta muy molesta, tanto que puede llegar a desesperarnos o incapacitarnos, pero, en realidad, como todas las partes, **trata de protegernos y mantenernos a salvo**.

Ver la ansiedad como una parte más de nuestro mundo interno es una manera de tomar distancia. Ayuda a no identificarnos con ella, sino a entenderla como una parte más y no como a mi yo completo.

No soy mi ansiedad, soy una persona que ahora mismo convive con ella y, aunque a veces parece que me domina, puedo decidir no identificarme con ella.

Entender por qué está ahí y darle espacio para el diálogo puede ser mucho más efectivo que luchar contra ella con uñas y dientes. A veces, negociar es la mejor vía para conseguir lo que necesitamos. Y eso es lo que trataremos de lograr: escucharla, dialogar con ella, entenderla y negociar con ella. Esto no quiere decir que le permitamos dirigir nuestra vida, significa que en ese diálogo **podemos ponerle límites claros y enseñarle que nosotras mismas podemos asumir el liderazgo**.

Además, tratarla de esta forma nos permite relacionarnos con nosotras mismas con más amabilidad y compasión.

EJERCICIO

Hola, soy tu ansiedad.

¿Qué te parece si hacemos una pequeña aproximación a cómo sería nuestra parte ansiosa? ¿Qué forma tendría? ¿Cómo hablaría? ¿Qué tendría que decirnos?

Te propongo un ejercicio para conectar con ella. Recuerda que puedes dejarlo para más adelante si ahora mismo no te sientes preparada. También puedes pasar de largo o muy por encima sin dedicarle mucho tiempo.

- Busca una postura en la que estés a gusto. Puedes cerrar los ojos o mantenerlos abiertos, lo que necesites. Quizá estés cómoda recostada o sentada, busca una posición agradable.
- Respira a tu ritmo y trata de centrarte en el espacio y el momento que ocupas aquí y ahora, los sonidos, los olores, las sensaciones...
- Ahora imagina que invitas a tu parte ansiosa a presentarse.
- Deja que aparezcan imágenes, sensaciones o palabras.
- Cuando te sientas lista, pregúntale qué es lo que le da miedo o qué quiere evitar.
- Agradécele su presencia y su protección. Asegúrale que tendrás en cuenta lo que hace, pero que necesites que confíe en ti para que podáis trabajar juntas.

En los siguientes capítulos, seguiremos profundizando en la ansiedad, su forma de habitarnos y en estrategias para gestionarla y no dejar que nos domine.

3

ME NECESITAS, NO TE ABANDONARÉ (LA ANSIEDAD AL RESCATE)

¡Ahora sí! Me ha costado, pero por fin me he permitido tomar la decisión de ir por primera vez en mi vida a una clase de yoga yo sola. A ver, ya he hecho yoga en alguna ocasión, pero nunca me he sentido capaz de presentarme sin compañía de una amiga en un lugar desconocido, ya sea una clase o una actividad.

—¡Vamos, guapi, estás empoderada y preparada! ¡Tú puedes! —me digo a mí misma, y trato de creérmelo. Si me lo digo suficientes veces, a lo mejor lo interiorizo, ¿verdad?

—Mmm... No es que te quiera cortar el rollo ni nada de eso. Me parece superbonito y entrañable lo que te estás diciendo, pero... ¿estás segura?

Ahí está otra vez mi «querida» amiga.

—A ver, que solo quiero echarte una mano, creo que es un buen momento para que saque mi lista de posibles escenarios catastróficos —continúa.

Por supuesto la listilla y su lista... Suspiro hondo y me preparo para lo que viene, porque sí, me encantaría ignorarla, pero ¿y si tiene razón?

—Empecemos, no tienes mucha idea de yoga, ¿y si haces el ridículo? ¿Y si se piensan que no pintas nada ahí? Es muy posible que, en lugar de hacer el perro boca abajo, parezcas un pato mareado...

Es verdad, no sé si voy a ser capaz de hacerlo bien, empiezo a sentir como me agobio cada vez más.

—Debemos tener en cuenta un asunto muy importante: no conoces a nadie. ¿Cuánta gente habrá allí? Seguro que ya se conocen todas y te vas a quedar apartada. Uf, va a ser muy incómodo, ¿y si te miran raro?, ¿y se ríen de ti?

Y, de pronto, ahí está, el calorcillo que me irradia desde el cuello hacia el resto del cuerpo, y mi imaginación vuela. Me veo a mí misma en la clase, me imagino agobiada y nerviosa mientras el corazón me va a mil.

—Lo ves. ¿Y si te pones tan nerviosa que te desmayas?

—Pero no sería ni la primera ni la última persona que va sola a una clase ya formada —digo para intentar autoconvencerme con la poca motivación que me queda.

—Sí, pero seguro que esas personas son más extrovertidas que tú o tienen más habilidades sociales o son más carismáticas... ¿De verdad crees que tú eres así? Llevamos dándole vueltas un buen rato y aún no estás segura. No quiero desilusionarte, pero esto me suena a que no estás preparada.

Me dejo caer en mi sillón favorito y me froto la cara mientras miro la pared de en frente sin verla. El calor y el agobio siguen ahí, y no solo eso, ahora tengo ganas de llorar de la impotencia que siento. Así no puedo ir a ninguna parte. Mejor me quedo en casa. Además, tengo algunas cosas que adelantar y así aprovecho. A lo mejor convenzo a Rita para que se apunte conmigo el mes que viene, también podría buscar alguna clase online para practicar.

No puedo evitar la lagrimita que se me escapa junto con el nudo de frustración en la garganta.

Respiro hondo, cancelo la clase y me quedo en casa, «a salvo».

—Sé que estás triste, pero, tranquila, es lo mejor, peor es hacer el ridículo —me asegura mi ansiedad, **aunque, en realidad lo que trata de decirme es: «No quiero que te duela si algo no sale como esperas».**

Quizá te resulte familiar esta clase de conversaciones internas que aparecen cuando vas a enfrentarte a alguna situación que te resulta complicada.

La vocecilla que te señala todas las posibilidades negativas no es más que esa parte ansiosa asumiendo el papel de salvadora.

Si prestamos atención y leemos más allá de la literalidad de sus palabras, nos daremos cuenta de que, en realidad, a su modo, **está tratando de protegerte.**

Esta parte ansiosa detecta que estás asustada y abrumada con la idea de exponerte a un panorama incierto, así que trata de rescatarte o evitar, entre otras cosas:

- Que te puedas sentir incómoda.
- Que te sientas sola o desplazada.
- Que no te sientas admitida en el grupo.
- Que tengas miedo o vergüenza por no hacer todo perfecto desde el principio.
- Que no te muestres como una persona independiente, autosuficiente y empoderada.

En definitiva, quiere ahorrarte un posible sufrimiento, y para ello es especialista en crear múltiples escenarios desastrosos y ponerse en lo peor.

Entender esta idea nos da una perspectiva nueva y muy valiosa. Ya no se trata de batallar contra la ansiedad, se trata de darle voz y escucharla sin dejarnos arrastrar por ella.

Si descodificamos lo que en realidad trata de decirnos, podremos entender qué necesita y, por tanto, qué necesitamos nosotras en el fondo. Pero también nos permitirá tomar el control y mostrarle que hay otras formas de cuidarnos y que, si nos da la oportunidad, podemos demostrarle que no tiene por qué estar activada a todas horas.

Date un minuto para preguntarte a ti misma lo siguiente: «Si mi ansiedad pudiera hablarme en este momento, ¿qué podría querer decirme? ¿Necesita que haga algo? ¿O tal vez que deje de hacerlo?».

Es posible que te haya venido alguna respuesta a la mente o puede que aún no. Hacia el final del capítulo encontrarás un ejercicio para ahondar más en esto.

La amazona que no podía relajarse

La ansiedad puede actuar como una salvadora incansable que te protege de cualquier posible peligro. De hecho, a veces el nivel de sensibilidad que tiene, tanto emocional como físico, es tan alto que no distingue las verdaderas amenazas de las que en realidad no existen, así que prefiere prevenir antes que curar.

Es curioso que un sistema que está preparado para protegernos pueda hacérnoslo pasar tan mal. Para entenderlo mejor, te contaré una metáfora que he bautizado con el nombre de: «La amazona que no podía relajarse».

Imagina a Drakena, una amazona encargada de salvaguardar la seguridad del reino. Su trabajo es importantísimo: vigilar, dar la voz de alarma si detecta cualquier peligro y avisar a su pueblo para que las demás puedan poner en marcha las maniobras de defensa.

Si divisa una posible amenaza que se aproxima, hace sonar las campanas, activa las señales de humo, ordena cerrar puertas y pone a su pueblo en estado de alerta. Gracias a ella, podrán reaccionar rápido y protegerse.

Drakena es una crack en su trabajo y su gente la aprecia mucho. Hasta aquí todo bien, las cosas son como deben ser y hay un equilibrio.

Ahora imagina que últimamente el enemigo ha hecho varias incursiones al reino de las amazonas sin apenas darles una tregua. Con esa amenaza constante, Drakena no se permite bajar la guardia, así que está más cansada y alerta de lo habitual. Otea a lo lejos un movimiento y atisba una sombra sospechosa entre los árboles. Solo se trata de un ciervo, pero lo confunde con una ofensiva y procede a activar las alarmas. **En realidad, no existe ningún peligro real, pero se pone en marcha toda la maquinaria de defensa y su pueblo actúa de la misma forma que lo haría ante un ataque de verdad.** Y esto le pasa en más de una y dos ocasiones. Los nervios están a flor de piel.

La intención de Drakena no es que cunda el pánico; su propósito es el de siempre: proteger a su gente. Su lema es «Mejor prevenir que curar». El problema se produce cuando sigue confundiendo lo que percibe como peligroso y este tipo de reacción empieza a repetirse de manera habitual. **Esa sobreprotección tiene un precio**, el pueblo vive en tensión constante, tiene el corazón a mil y el temor de que algo terrible puede suceder en cualquier momento, aunque en realidad no esté ocurriendo nada.

Llegadas hasta aquí, ¿cuál sería la solución? ¿Mandar a Drakena a casa? En realidad, no sería inteligente prescindir de su valioso trabajo para la defensa y seguridad de su sociedad, pues las ha protegido de peligros reales muchas veces. ¿No sería tal vez mejor idea ayudarla a recuperar esas capacidades que desarrolló desde niña para volver a **distinguir una amenaza mortal de un ciervo inofensivo**? ¿Que continúe estando atenta, pero entrenarla para que controle sus reacciones, respire y observe bien antes de activar las defensas?

Con acompañamiento, apoyo, comprensión, empatía y tiempo, Drakena podrá continuar cumpliendo con su labor de cuidar sin que el pueblo se prepare para el combate cada vez que una hoja se caiga de un árbol.

Drakena representa a la parte ansiosa, como habrás podido imaginar. Es una amazona bien entrenada, valiosa e indispensable para proteger a su reino. Sus habitantes simbolizarían el resto de las partes que habitan nuestro mundo interno.

El poder de tres: seguridad, confianza y control

Como seres humanos, necesitamos tener una serie de necesidades cubiertas. Quizá, si piensas en esas necesidades básicas, te pueden venir a la cabeza aquellas a las que les prestamos más atención: comer, beber, dormir, abrigarnos cuando hace frío, refrescarnos cuando llega el calor, un lugar donde vivir, compañía...

Es innegable que todos estos aspectos son importantes, pero, incluso teniendo todo esto, **si no nos sentimos sanas y salvas**, ni el más cálido de los abrigos en un día de frío nos hará estar del todo tranquilas.

Por mi experiencia profesional, sé lo común que es pensar, cuando nos enfrentamos a la ansiedad, cosas como: «Pero si lo tengo todo, una casa, una familia, un trabajo, comida... y aun así me encuentro mal. No consigo disfrutar o vivir el presente sin sentir miedo o pensar que algo terrible puede suceder». ¿Te resuena? Esta reflexión suele acompañarse de culpabilidad, del clásico: «Me siento mal y me siento mal por sentirme mal».

Tranquila, es normal. A todas nos cuesta validar nuestro propio malestar, entre otras cosas porque a veces nos da miedo que permitirnos sentirlo signifique sufrir aún más o caer en un pozo del que no podamos salir.

Así que, para ponérnoslo un poquito más fácil, vamos a ver cuáles son esos imprescindibles, como un básico de armario, que debemos buscar cultivar para llegar a un estado de armonía y calma:

- **Seguridad:** Sentirme segura supone experimentar que estoy a salvo, que no tengo que preocuparme, que estoy en un entorno estable y amable, que puedo soltar y no tiene por qué pasarme nada malo o saber que, si se presenta algún peligro, tengo o tendré las herramientas necesarias para hacerle frente en ese momento. Como llegar a casa después de una intensa jornada y encontrarte la cena preparada. Sientes que estás en un sitio seguro donde todo está tranquilo y en calma.

- **Confianza:** Confiar en el lugar que ocupo, en las personas con las que lo comparto y en mí misma. Quizá no tenga las respuestas a todas las preguntas y dudas que me asalten, pero sé que me las arreglaré para obtenerlas si lo necesito, contaré con las herramientas necesarias o sabré dónde encontrarlas. Es como empezar un nuevo proyecto sin tener muy claras las dificultades que puedan llegar a presentarse, pero confiando en que, en tal caso, tengo la capacidad para hacerles frente.

- **Control:** Viene a ser el resultado de lo anterior. Cuando me noto segura y en calma, siento que tengo control de la situación. Sé lo que necesito y lo que no, lo que quiero y lo que no... Y me siento con la capacidad de gestionarme a mí misma y a mi entorno. Como cuando tenemos una conversación complicada, pero contamos con el espacio de autocontrol para elegir las palabras sin dejarnos llevar por la rabia o el miedo.

Si estos elementos se interrelacionan en armonía, mi cuerpo y mi sistema interno estarán en calma. **Estar en calma no quiere decir que todo sea maravilloso y no se me pueda presentar ninguna dificultad o inconveniente, ojalá, pero no es realista.** En cambio, implica que tendremos más capacidad de gestión y autorregulación. Es decir, de gestionar nuestros propios pensamientos, comportamientos y emociones ante cualquier obstáculo y de adaptarnos de una manera más eficiente a cualquier situación.

Por tanto, seguiremos poniéndonos nerviosas, sintiendo miedo, nos agobiaremos..., pero nos costará menos trabajo volver al equilibrio.

En cambio, si por algún motivo nuestro sistema está alterado, el cuerpo reaccionará de forma muy diferente. Percibirá la realidad como algo mucho más peligroso y nuestra capacidad de autorregulación emocional estará más limitada.

Para entenderlo mejor, veámoslo con un ejemplo.

Situación

Un día cualquiera, me dispongo a coger el coche para ir al trabajo. Como de costumbre, voy bien de tiempo, lo suficiente como para conducir hasta la oficina, buscar aparcamiento tranquila y llegar a mi hora sin correr. Abro la puerta, me siento mientras suelto en el asiento del copiloto el cargamento de «porsiacasos» que suelo llevar (el bolso, la *tote bag* con el snack, el paraguas...) y meto la llave en el contacto para ponerme en marcha... Suena un sonido ahogado y el coche no arranca. Lo intento una y otra vez, pero no hay manera. Parece que mi querido vehículo ha decidido tomarse unas vacaciones.

Respuesta desde un estado de seguridad, confianza y control en armonía

Miro la hora y comienzo a ponerme nerviosa. Una cosa es ir con tiempo, pero esto no lo tenía planeado y ahora me toca solucionar la papeleta. Me agobio, me acuerdo de todos los familiares de mi amado coche y me dan ganas de meterme en una cueva y pasar de todo, pero eso no es una opción. Así que me tomo un momento, respiro y pienso en mis siguientes movimientos.

Me preocupa lo que pueda pensar mi jefa si llego tarde, pero confío en que entenderá la situación, así que me pongo en contacto con ella para explicarle lo que me ha ocurrido y avisarla. De pronto, recuerdo que quizá esté a tiempo de ir a mi destino con una amiga que vive cerca y sé que mi trabajo le pilla de camino, así que le mando un mensajito.

También reviso el horario del transporte público y valoro la posibilidad de pedir un taxi. Al final, mi amiga acaba de contestar: justo está a punto de salir y me dice que por supuesto estará encantada de echarme una mano. Respiro un poco más aliviada, aunque sé que luego me tocará organizar la vuelta y el arreglo del coche, pero confío en mis capacidades y en que a lo largo del día iré sacando tiempo para gestionarlo.

En cuestión de escasos minutos, he sentido ansiedad, enfado, miedo, incomodidad e incertidumbre, todo ello necesario para activar mi respuesta (la gestión de la situación), pero mi estado de calma me ha permitido **afrontarlo sin perder los nervios en el intento**. ¡Bien!

Reacción desde un estado alterado

No puedo creer que me esté pasando esto. Siento que es mi culpa, que soy un desastre y debería haber comprobado ayer si el coche funcionaba. Miro la hora y comienzo a ponerme cada vez más nerviosa. Se me vienen mil cosas a la cabeza y no consigo pensar con claridad, me invade la preocupación por lo que pueda pasar ahora. Tengo que llamar a mi jefa para avisarla de lo ocurrido, seguro que pensará que soy una irresponsable y voy a defraudarla. ¿Y si me despide? Vuelvo a mirar el reloj, parece que el tiempo pasa corriendo y trato de pensar deprisa mientras noto que me falta el aire. Recuerdo que mi amiga Ana vive cerca y su trabajo está próximo al mío, entramos a la misma hora, así que quizá la pillo a tiempo. Pero... lo pienso mejor. Seguro que voy a molestarla, tiene sus propios problemas y no voy a cargarla con los míos. Podría ir en transporte público, pero hace muchísimo que no lo utilizo, así que lo más probable es que me equivoque de bus y termine en la otra punta de la ciudad... Llamo a Ana, acaba de salir y me dice que, aunque ya está en camino, puede dar la vuelta y recogerme. Me siento fatal por haberla puesto en un compromiso y hacer que se desvíe de su camino, así que me paso todo el trayecto disculpándome por haberle hecho perder el tiempo.

Todavía tengo que solucionar el arreglo del coche y solo puedo pensar en eso durante todo el día (no quiero ni imaginar lo que voy a tener que pagar...). Siento que soy incapaz de abordar la situación y que solo puede ir a peor.

También he sentido ansiedad, enfado, miedo, incomodidad e incertidumbre, pero, desde un estado de inseguridad y desconfianza en mí misma. Mi cuerpo ha activado el mecanismo de respuesta necesario, pero no disponía de la capacidad de autorregulación para gestionar la situación desde un estado de cierta calma. Esto no quiere decir que lo haya hecho mal, para nada, **lo he hecho lo mejor que he podido** teniendo en cuenta mis circunstancias, **pero sí es cierto que he sufrido mucho más que en el ejemplo anterior**.

La ansiedad al rescate

En un mundo ideal, en tu sistema interno reinaría siempre la calma. Tus chacras estarían perfectamente alineados y el poder de los tres grandes, como me gusta llamarlos a veces (seguridad, confianza y control), sería tu bandera. Pero, si estás leyendo este libro, tal vez este no sea el caso. **Y no pasa nada.**

Todas hacemos lo que podemos con lo que tenemos, es así de sencillo. Y estamos aquí para conseguir más recursos que puedan ayudarte a lidiar con la ansiedad.

Cuando vivimos con ansiedad, mantener el equilibrio necesario para estar reguladas puede parecer una misión imposible. El mundo va demasiado rápido, tenemos que prestar atención a mil cosas a la vez: atender las tareas de casa, sentirnos realizadas con nuestro trabajo o estudios, conciliar la vida familiar con la profesional, atender a nuestras amistades o pareja y tener vida social, preocuparnos por nuestro bien y hacer ejercicio, dedicar tiempo a la lectura, la cultura... Sentimos que tenemos que ser buenas en todo, empoderarnos y, además, encontrar tiempo para nosotras mismas. Sin olvidar mimarnos, meditar y vivir el presente para mantener a raya la ansiedad... Pero ¿cómo?

La intención detrás de esta lista interminable de tareas pendientes es buena; sin embargo, seamos realistas: es demasiado. Si a esto le sumamos nuestras cargas personales, nuestra historia, vivencias, contexto, experiencias, nuestra manera única de estar en el mundo... **Existen muchísimas posibilidades de que, en efecto, nuestro mundo interno se altere.**

Y es aquí justo donde aparece la parte ansiosa al rescate. Porque, amiga, alguien se tiene que encargar de salvarte (o, al menos, eso es lo que ella cree).

Si la parte ansiosa no siente seguridad, confianza y control suficientes, tendrá que hacer todo lo necesario para llevarte a un estado que se caracterice por estas tres condiciones. Y, para conseguirlo, tiene un amplio arsenal de **protectores**: estrategias disfuncionales de afrontamiento ante situaciones incómodas que pueden agravar la situación. Vamos a ver cuáles son:

- **Hipervigilancia:** Estar extremadamente atenta a todo lo que sucede alrededor, de esta forma podrá detectar enseguida cualquier posible amenaza.

  Ejemplo: Estás tomándote un café tranquila con unas amigas. La situación es normal y segura, una charla agradable, te reencuentras con alguna que hace tiempo que no ves... Todo va bien, pero tú, no sabes por qué, te sientes intranquila. Eres muy consciente del espacio que estás ocupando, de pronto piensas: «¿Dónde están los aseos por si tengo que ir? ¿A cuánta distancia me queda la salida del local? ¿Hay mucha gente a mi alrededor?». Tus amigas conversan animadas mientras tú eres consciente del calor del lugar (y, ahora que lo piensas, puede que haga demasiado calor, quizá porque hay mucha gente...). ¿Y si pasa algo? ¿Y si te sucede algo urgente y tienes que salir corriendo? De repente eres muy consciente del ruido, de las luces, de los olores... Gracias a la hipervigilancia activada, una situación que en otro momento te hubiera resultado agradable y normal hace que te encuentres abrumada, agobiada y con miedo.

- **Anticipación:** Dar vueltas a la cabeza e imaginar la mayor cantidad de escenarios posibles antes de exponerte a cualquier circunstancia. Así, la ansiedad cree que garantiza estar preparada para lo que sea y que nada te pille de improviso.

Ejemplo: Estás en el trabajo y tu jefa te manda un mensaje por Teams para preguntarte por una cuestión importante. Revisas lo necesario para darle la información que necesita y respondes a su mensaje. Una vez enviado, compruebas de manera compulsiva si lo ha leído o no hasta que aparece en visto, pero tarda en contestar. ¿Será correcta la información que le has enviado? ¿Y si hay algún error? Entonces tu imaginación vuela y crees que las has liado. Seguro que no lo has hecho bien y, como consecuencia, van a darse cuenta de que no eres válida para tu puesto y van a acabar echándote. ¿Qué harás entonces? Imaginas lo que pensará tu familia cuando les des la noticia. ¿Cómo lo harás? Ensayas en tu cabeza los posibles escenarios. Ya estás haciendo una búsqueda activa de otro empleo cuando tu jefa responde por fin: «¡Perfecto, gracias!».

- **Preocupación constante:** Parecida a la anticipación, pero en este caso no solo anticipa algo a lo que tenga que enfrentarse, sino que te lleva a pensar en aspectos que puedan preocuparte del pasado, presente y futuro. Pueden estar relacionados contigo misma o con otras personas o cosas.

  Ejemplo: Es un sábado por la mañana cualquiera y estás en casa desayunando con calma. Tu pareja, con la que convives, sale a hacer un recado rápido (ha bajado a por café, que se os ha acabado), pero está tardando demasiado. De repente, empiezas a preocuparte por si le ha sucedido algo. Se le notaba el cansancio de la semana... ¿Y si se ha despistado en el cruce de camino al supermercado y lo han atropellado?

En ese cruce, los coches y las motos tienen muy mala visibilidad... Respiras e intentas relajarte porque, siendo objetiva, sabes que hay ínfimas probabilidades de que le suceda algo, pero, aun así, te notas intranquila, los minutos pasan muy despacio y no te separas del móvil por si acaso. Te da la sensación de que está tardando más de lo normal, así que haces una llamada para comprobar que todo está bien, pero no responde. Ahora sí que ya empiezas a imaginarte lo peor. Estás empezando a entrar en pánico cuando abre la puerta de casa y aparece como si nada, con el paquete de café en la mano y contándote que se ha encontrado con un amigo al salir de casa. Mientras hacía los recados, tú has estado imaginando escenarios catastróficos, preparándote para afrontar la pérdida de un ser querido.

- **Hipersensibilidad:** Una respuesta que permite detectar todo tipo de sensación, por muy sutil que sea. Como un ligero cosquilleo en la cabeza, un mínimo cambio de temperatura o un pequeño pinchacito en el estómago. Es como si los receptores de los sentidos estuvieran funcionando al doscientos por cien de su capacidad. La ansiedad activa da esta respuesta para adelantarse lo máximo posible a cualquier peligro, pero esta sensibilidad se intensifica tanto que no distingue lo peligroso de verdad de lo que es inofensivo.

  Ejemplo: Estás en el cine. Por fin, después de semanas, has ido a ver aquella peli que tanto te apetecía. Pero, una vez te acomodas en tu butaca, empiezas a sentirte nerviosa. Notas demasiado el aire acondicionado, el murmullo de la gente que no para de entrar, el olor de las palomitas, y el ruido de personas comiendo te resulta atronador. Comienza la película y las luces destellantes de algunas escenas, el volumen tan alto... Todo te molesta y parece que la sala que antes era enorme se te viene encima. Te sientes abrumada, agobiada y en tensión. De repente, solo te apetece salir de ahí lo antes posible.

- **Evitación:** Abstenerte de exponerte a situaciones que puedan resultar incómodas, desagradables o incluso provocarte mucho miedo. Puede llevarte a evitar o cancelar planes, huir de lugares por la dificultad de sostener el malestar de mantenerte ahí, eludir socializar... La evitación es una de las conductas que puede hacerte sentir más sola o alejada del mundo.

  Ejemplo: La última vez que fuiste al cine, hace ya un par de semanas, lo pasaste fatal, demasiados estímulos que te abrumaron y te invadió una ansiedad muy grande. Hoy tu amiga te propone ir juntas al centro comercial, pero no te apetece nada. Si te sentiste tan agobiada hace poco en una sala de cine..., ¿cómo podrías sentirte dando vueltas por un centro comercial en el que hay tanto ruido y estímulos? Te da tanto miedo pasar por algo parecido que buscas una excusa para no ir. Lo mismo ocurre la siguiente semana, cuando te plantea ir a un concierto, o un mes más tarde, cuando tu hermana quiere que la acompañes a ver una obra de teatro. Poco a poco, te conviertes en una maestra ninja de la excusa, cuando en realidad lo que ocurre es que tienes mucho miedo de volver a experimentar esas sensaciones tan desagradables.

- **Prisa:** Mantener de manera constante una especie de sensación de urgencia, como si sintieras que tienes que hacer todo ya y muy rápido. Esto ocurre porque piensas que, cuanto antes te quites de encima aquello desagradable o incómodo que tienes que hacer, más tiempo y espacio tendrás para estar alerta ante cualquier posible amenaza.

  Ejemplo: Últimamente, lo haces todo deprisa y corriendo, como si te estuvieran cronometrando o fuera una competición de velocidad. No solo eso, sino que haces varias cosas a la vez, como si fueras la reina del *multitasking*. Mientras estás comiendo revisas mensajes del móvil, echas un vistazo al correo del trabajo, haces una reserva en aquel restaurante para esta noche... No sabes por qué, pero tienes una sensación de urgencia, como si llegaras tarde, aunque en realidad puedes permitirte hacer las cosas con calma.

- **Rumiación:** Esta palabra significa literalmente «masticar de nuevo». Seguro que has visto alguna vez a una vaquita rumiando su pasto, mascando una y otra vez su comida para que le resulte más fácil digerirla, ¿verdad? Pues algo parecido sucede cuando la ansiedad se encarga de que te centres en pensar de manera persistente en alguna preocupación, recuerdo o idea. Como si tu mente estuviera atrapada en un bucle sin salida que repite y repite y repite... Sucede porque el cerebro está tratando de encontrar una solución a lo que le preocupa, de ayudarte a digerir el problema con más facilidad, pero muchas veces esta preocupación se transforma en un ciclo sin fin.

Ejemplo: Llega la noche y te metes en la cama dispuesta a descansar después de un día duro. De repente, recuerdas la conversación que tuviste hace tres días con tu mejor amiga. Comienzas a repetirte la conversación y te preguntas: «¿Y si cuando le dije que no iría a aquel concierto se lo tomó mal? Ahora que lo pienso, su tono de voz se volvió cortante, ¿o no?». Vuelves a repasar cada palabra tal y como la recuerdas una y otra vez. Quizá deberías llamarla mañana, pero ¿qué le dirás? O tal vez no hace falta, a lo mejor no es tan importante y le estás dando demasiadas vueltas. Sea como sea, pasas un rato interminable dándole vueltas hasta que te quedas dormida un par de horas después, sin haber decidido qué hacer y centrada en tu malestar y tu preocupación.

- **Perfeccionismo:** Preocupación excesiva por hacer las cosas lo mejor posible, lo que lleva a una atención desmedida a cada detalle, por ínfimo que parezca, y al estrés que genera el estar bajo expectativas muy elevadas. El perfeccionismo protege anticipándose a posibles errores. Si no cometes errores, la ansiedad se adelanta asumiendo que no tendrás que enfrentarte a la vergüenza, la frustración, la pena o el sufrimiento. Es curioso, pero a veces puede producir un efecto contrario: el bloqueo o la procrastinación. Esto se produce porque da tanto miedo fallar que es preferible no lograr algo por no intentarlo que hacerlo y sentir que lo has hecho mal. Por eso a veces postergamos las tareas que nos resultan más tediosas o que queremos realizar especialmente bien, para no enfrentarnos al posible fracaso.

Ejemplo: Es el cumpleaños de alguien muy importante para ti y decides encargarte de preparar una fiesta sorpresa. Estás superemocionada y quieres que todo salga a pedir de boca, que no falte ningún detalle. Cambias varias veces de idea sobre cómo organizarla porque ninguna te parece lo suficiente buena. Al final, llega el día de la fiesta y no puedes disfrutar de nada porque estás pendiente de que todo salga bien. Te fijas en las reacciones de la gente y, por supuesto, de tu amiga cumpleañera. Si algo no sale como esperabas, lo sientes como un fracaso y no paras de disculparte por todo lo que podrías haber hecho, aunque todo el mundo te ha felicitado por tu trabajo.

¿Te sientes identificada con alguna de estas estrategias que usa la parte ansiosa a modo de «protección»? **Si es así, no estás sola, querida.**

Por supuesto, hay muchas más, estas son solo algunas de las que más suelo ver en terapia. Además, cada persona es única en su especie, así que cada una tenemos nuestras propias tácticas adaptadas a nuestra situación, contexto, experiencia de vida, aprendizaje...

Todos estos protectores provocan una serie de síntomas físicos bastante intensos y notables, como sensación de nerviosismo, taquicardias, dolor de barriga o molestias en zonas del cuerpo, dolor de cabeza, mareos... Como son tan molestos, podemos perder de vista la verdadera razón de por qué nos sentimos así. Los síntomas son tan fuertes que toman más protagonismo que la propia ansiedad, así que **desviamos la atención**

hacia las sensaciones corporales en lugar de al porqué, y esto puede complicarlo todo todavía más.

Cuando una emoción o estado interno, como la ansiedad, se manifiesta en forma de malestar físico, **se le llama somatización**. No quiere decir que estas sensaciones no sean reales, pero su origen puede estar en el estrés o el miedo. Es natural, ¿cómo no vamos a mosquearnos si sentimos que nuestro cuerpo reacciona como no lo había hecho antes o rara vez? Identificar estas sensaciones como consecuencia de la respuesta de la parte ansiosa nos ayuda a encontrar algo de tranquilidad, darle una explicación y saber que sí, **que tiene solución, aunque pueda no parecerlo**. A medida que la ansiedad vaya perdiendo protagonismo, la sintomatología física tal vez también lo hará.

EJERCICIO

¿Cómo te protege tu ansiedad?

Ahora que sabemos que la ansiedad tiene una intención positiva de protección, aunque sus métodos puedan ser desproporcionados y cuestionables, te propongo explorar de qué manera te ayuda. Para ello, vamos a preguntárselo con curiosidad y amabilidad. Intentaremos empatizar por un momento con ella, como si fuera nuestra propia guerrera amazona Drakena. Es decir, durante unos minutos, te pido que te pongas en la piel de tu propia ansiedad, como si fuera una persona de carne y hueso, y que intentes responder a las siguientes preguntas interiorizando su voz.

Hola, ansiedad:

Soy . . . . Estoy tratando de conocerte un poco mejor, pero necesito que me eches una mano. Ahora entiendo que tratas de protegerme, lo valoro y te lo agradezco, pero necesito comprenderlo mejor para poder liberarte de tanta carga. Puede que ahora no lo veas, pero, si nos entendemos, podrás observar que yo misma tengo la capacidad de estar a salvo sin que tengas que trabajar tanto. Iremos poco a poco, no te preocupes. De momento, solo quiero hacerte algunas preguntas:

- ¿Qué sientes hacia mí? ¿Por qué crees que estoy en peligro?

  . . . .

  . . . .

  . . . .

  . . . .

  . . . .

- ¿Cómo te gustaría que estuviera? ¿Qué significaría para ti que me encontrara a salvo?

  . . . .

  . . . .

  . . . .

  . . . .

  . . . .

- He aprendido algunas de tus estrategias. ¿Podrías mostrarme algún ejemplo de situaciones en las que las hayas utilizado?

Hipervigilancia:

....

....

Anticipación:

....

....

Preocupación constante:

....

....

Hipersensibilidad:

....

....

Prisa:

....

....

Evitación:

....

....

Rumiación:

....

....

Perfeccionismo:

....

....

- ¿Hay algo más que te gustaría mostrarme?

....

....

....

....

....

Gracias, esto no es sencillo para ninguna de las dos, así que agradezco este ratito de conexión. Espero que poco a poco nos vaya resultando más sencillo.

El objetivo último no es eliminar la ansiedad, sino transformar nuestra relación con ella y ponerle límites sanos.

Recuerda que en tu mundo interno tú pilotas la nave. Puede que ahora te encuentres algo perdida y que necesites a tu copiloto intensa, pero el objetivo de estas páginas es ayudarte a reencontrarte.

4

SE VIENEN COSITAS: MI AMIGA ANSIEDAD TRAE PROBLEMAS

«Arroz, café, leche y que no se me olvide otra vez el champú, por favor, mi pelo no puede permitírselo». Entro en el supermercado y me repito por dentro lo esencial mientras repaso el resto de la lista en las notas del móvil. Es un martes cualquiera, pero debe de ser hora punta porque el local está hasta la bandera. De verdad que no entiendo cómo hay gente que disfruta haciendo la compra. Acabo de entrar y ya me quiero ir.

Cojo el primer carrito que encuentro y me cuestiono por qué siempre deben tener una rueda torcida, ¿para hacerlo más complicado? Me aventuro entre los pasillos pilotando el carro como puedo. Poco se habla de la locura de tráfico que se lía entre los expositores; hacer la compra debería considerarse deporte olímpico.

De pronto, empiezo a sentir calor. Viene acompañado de una ligera presión en el pecho que poco a poco parece ir en aumento. Me agobio, me tiemblan las manos, trato de tranquilizarme y respirar para volver a la calma, pero siento que tengo que salir de aquí con urgencia.

Tengo la certeza de que mi parte ansiosa está haciendo acto de presencia. Pero ¿por qué? ¿Puede haber algo más normal que ir al supermercado? Hago un repaso. ¿Qué la ha despertado? ¿Se me olvida algo? ¿Alguien me ha mirado raro de manera inquietante? ¿Me estaré poniendo enferma?

—La verdad es que no lo tengo muy claro, pero intuyo que algo pasa. Aquí dentro no estás segura, deberías salir lo antes posible —me dice esa vocecilla—. Hay mucha gente, es mal momento. ¿La salida no queda muy lejos? Esto parece un laberinto.

Trato de ignorarla, pero me cuesta mucho no estar de acuerdo con ella. ¿Qué puedo hacer? Veo al resto de personas a mi alrededor tranquilas, a lo suyo, como si no pasara nada. Sin embargo, yo siento que estoy en un barco a punto de naufragar.

Me mareo. Por un instante, soy demasiado consciente de que estoy sola, tal vez debería haber venido acompañada. Últimamente se me hace difícil ocuparme de los recados cotidianos que antes hacía sin ni siquiera planteármelo. Vuelvo a centrarme en la respiración y le echo un vistazo al móvil en busca de cualquier cosa que pueda entretenerme mientras me esfuerzo por completar la lista de la compra y desviar la atención de lo que está ocurriendo dentro de mí. De verdad que estoy haciendo un esfuerzo titánico por no salir corriendo.

—¿No hace muchísimo calor aquí? ¿Y si te da un ataque de pánico? Admiro tu esfuerzo, pero creo que es momento de volver a la seguridad de casa. ¡Ya! —me dice la ansiedad, pero solo pensar en todos los pasos que tengo que dar antes de llegar a la tranquilidad de mi hogar provoca que se me escapen las lágrimas que llevo rato reteniendo.

Anticipo varios escenarios posibles; en todos ellos termino tirada en medio del pasillo sin poder respirar. Intento negociar con la ansiedad. Ya tengo casi todo lo necesario, me falta una cosa más y solo me quedará pasar por caja.

—Lo entiendo, ansiedad, sé que tratas de protegerme, pero necesito unos minutos más para ir a por el champú —le digo. Me rio para mis adentros. Al menos aún mantengo el sentido del humor.

—¡Sal de aquí, sal de aquí sal de aquíííííí —repite con insistencia. Entonces, atisbo una caja que acaba de quedar libre y soporto como puedo esos minutos de cola que se me hacen eternos.

Cuando por fin salgo a la calle, me siento en la acera con las bolsas en el suelo. Aún me tiembla el cuerpo y me cuesta respirar con calma. Pero me doy cuenta de algo que me saca una sonrisa: hoy he detectado a mi parte ansiosa con más claridad, ¡no soy yo! Es solo una faceta de mí.

En ocasiones la ansiedad aparece así, de repente, como por arte de magia y sin razón aparente, o al menos sin un motivo claro. Puede presentarse en el súper, en el bus, en la sala de espera del dentista, en una quedada con tus amigas...

Pero lo cierto es que **siempre existe un factor que la dispara**. Quizá el ser consciente de que estás rodeada de mucha gente, algún tipo de sensación corporal como calor o incomodidad o cualquier preocupación que esté rondando por tu cabeza.

En este apartado vamos a tratar de **descodificar la manera en que la ansiedad se presenta a través de los síntomas**. A normalizar y a entender las formas que la parte ansiosa utiliza para ayudar. Conocer que estos síntomas tienen una explicación y que no eres la única a la que le pasan estas cosas puede traerte cierta calma. Además, puede ayudarte a reconocer a la ansiedad y separarte, aunque sea un poco, de las sensaciones.

Conocerla en profundidad, analizando cuáles son sus *modus operandi*, matices y disfraces. Es decir, los síntomas y protectores que se activan, que nos ayudarán a pasar **del modo lucha al modo acompañamiento**, donde podremos darnos lo que necesitamos y merecemos. Pero vamos paso a paso. Primero necesitamos entender la ansiedad para encontrar nuestra propia forma de comunicarnos con ella y, con esta información, más adelante ponerle límites sanos. ¡Empecemos!

Cuando la parte ansiosa decide ser la capitana de tu mundo interno

La ansiedad es una parte más de tu mundo interno. Recordar esto es importante: eres mucho más que tu ansiedad, aunque a menudo sientas que te domina el miedo, que te inunda una sensación de peligro o una alerta constante, **eres maravillosamente compleja y única**.

Esto tiene dos dimensiones, una buena y una mala. La buena es que eres un ser complejo y único, valga la redundancia. La mala es… que eres un ser complejo y único. Sí, en este caso lo positivo y lo negativo pesan igual. Es la paradoja del ser humano. Por un lado, disponemos de un mundo interno tan amplio que nos brinda la oportunidad de analizarnos de manera constante, restaurarlo, explorarlo, disfrutarlo, admirarlo y sumergirnos en él para conocernos mucho mejor. Por otro, esta misma amplitud puede abrumarnos con tantas opciones, tantas partes de nosotras que se hacen presentes, tantos pensamientos y posibilidades... De alguna forma, lo mismo que nos permite entendernos y crecer también puede, si se nos va de las manos, llenarnos de dudas, demasiado análisis y ruido mental. Pero, tranquila, lo estás haciendo bien, seguro que mucho mejor de lo que alcances a creer en este momento.

Como ya hemos visto, la función estrella de la ansiedad, como la de una amazona fuerte y aguerrida, es defenderte ante posibles peligros, ya sean presentes, recuerdos del pasado o futuros riesgos. Cuando de alguna forma se activa con fuerza y toma la capitanía es porque siente que debe hacerlo. Se presenta tan segura de su misión y con tanto ímpetu que, a veces, el resto de las partes que conforman nuestro yo (la calmada, la despreocupada o la confiada, por ejemplo) se hacen a un lado para darle el espacio que reclama, como si en medio de un vuelo el piloto perdiera el conocimiento y la sobrecargo preguntara, angustiada: «¿Hay algún piloto a bordo?». En una situación de emergencia así, solo aquella persona que se sienta preparada para enfrentar la situación se presentará voluntaria, mientras que el resto del pasaje se hará a un lado y rezará lo que se sepa para que todo acabe bien.

Descodificando el lenguaje ansioso: los síntomas como señales

Cuando hablamos de síntomas, nos referimos a la forma en que se manifiestan en el cuerpo **aquellas sensaciones y experiencias que indican que hay algo que no va como debería o que no está funcionando de la manera correcta y debe ser atendido**. Los síntomas **son subjetivos**, es decir, los experimenta la persona que los padece, pero no siempre son visibles desde fuera. Por ejemplo, un síntoma de la gripe puede ser dolor de cabeza, pero lo vive la persona con el gripazo, desde fuera puede parecer que no le pasa nada. Si hablamos de ansiedad, un síntoma puede ser la sensación habitual de presión en el pecho; puede que en más de una ocasión te hayas sentido así en un lugar repleto de gente y que a quienes te rodeaban les haya pasado totalmente desapercibido.

Qué difícil se hace a veces explicar lo que sentimos, ¿verdad?

Es curioso lo sencillo que puede resultarnos describir un dolor de cabeza, pero lo complejo que se nos hace hablar de la sensación de agobio, alerta, estrés, miedo... de la ansiedad. Quizá esto se deba a que a muchas personas todavía nos cuesta dar a las emociones el lugar que merecen. **Pero, amiga, tus emociones y tu sentir también necesitan su espacio; tú también necesitas tu espacio.**

Los síntomas nos indican que algo ocurre, es la forma que tiene el cuerpo de decir: «¡Ey, estoy aquí, hazme caso!», pero utiliza un lenguaje somático. Esta es su forma de hablar, así que lo primero que debemos hacer es **aprender un poco el idioma.**

Algunos de los síntomas más comunes son los siguientes.

Síntomas físicos (lo que sientes en el cuerpo)

- **Tensión muscular general:** Compañera de muchos otros síntomas. Cuando el cuerpo entra en estado de alerta, libera cortisol y adrenalina, tensando y preparando a los músculos para actuar. Lo lógico sería que, durante el momento de peligro, la musculatura se tensara de manera automática y, luego, se destensara al volver a la calma. El problema viene cuando la ansiedad se cronifica, ya que el cuerpo mantiene ese estado de tensión constante.
- **Palpitaciones y taquicardia:** Notas que el corazón late más rápido o más fuerte.
- **Extrasístoles:** Normalmente, el corazón mantiene un ritmo regular, los latidos se producen por impulsos eléctricos. Pues bien, a veces el corazón puede generar ese impulso antes de tiempo, algo que se siente como una especie de salto en el pecho. No es peligroso, pero sí muy desagradable y suele asustar. En una ocasión, una persona a la que acompaño en terapia me lo describió como un «hipo de corazón» y creo que es de las explicaciones más gráficas que puedo imaginar.
- **Presión en el pecho o en la boca del estómago y falta de aire:** La sensación de presión es muy común, suele ser consecuencia de la tensión muscular y de una respiración más rápida o superficial.

- **Dolor de vientre, molestias, gases, náuseas:** De nuevo, la respiración y la tensión muscular desempeñan un papel esencial aquí. Además, existe una estrecha relación entre el cerebro y el intestino. Este último es como nuestro segundo cerebro y está repleto de terminaciones nerviosas que conforman una red de comunicación bidireccional. Esta conexión hace que el estrés altere el sistema digestivo.
- **Dolor de cabeza:** La tensión muscular puede afectar al cuello, la mandíbula y la espalda, lo que a su vez puede derivar en dolor de cabeza. Además, la falta de sueño o no comer o beber lo suficiente también son factores que afectan.
- **Temblores, hormigueos o cosquilleos:** La liberación de adrenalina y cortisol provoca también una activación corporal alta (es decir, preparan el cuerpo para estar alerta y actuar), lo que puede dar lugar a temblores o sensación de hormigueo y cosquilleo en determinadas zonas del cuerpo.
- **Sudoración, escalofríos, cambios de temperatura o sensación de calor interno:** Cuando el cuerpo activa el sistema de alerta, el sistema nervioso tiene que ponerte en marcha para actuar frente a la amenaza, lo cual hace que aumente la temperatura corporal y a veces también el flujo sanguíneo en ciertas zonas del cuerpo. Por eso es posible que sientas olas de calor, escalofríos o sudores repentinos.
- **Mareo o sensación de inestabilidad:** Este es uno de los síntomas más comunes, pero que menos relacionamos con la ansiedad. Puede ser provocado por:

- **La tensión muscular:** Cuando existe tensión o contracturas en la zona de las cervicales, el riego sanguíneo puede verse afectado. Si se reduce el flujo de sangre hacia la zona del oído interno, una parte del cuerpo crucial para el equilibrio y la orientación, podemos experimentar esa sensación de mareo o inestabilidad.
- **La respiración:** Cuando el cuerpo está en un estado de estrés cronificado, la respiración puede modificarse sin que nos demos cuenta. Quizá respires más rápido de lo habitual o de manera más superficial. Esto provoca una alteración de los niveles de oxígeno y dióxido de carbono en sangre. Puede que alguna vez te haya pasado algo parecido en un momento en el que estás hablando muy muy rápido y no te has detenido para coger aire suficiente o al caminar deprisa, subir una cuesta...
- **La presión sanguínea:** Puede deberse a subidas o bajadas de la tensión arterial.
- **La percepción:** Con la ansiedad y el modo vigilancia o alerta activado, el cuerpo puede estar atento a cualquier sensación. Como consecuencia, a veces tomas demasiada consciencia de tu cuerpo y del espacio que ocupas, lo que amplifica de manera considerable sensaciones normales como la temperatura o la más ligera brisa. Puedes incluso sentir como si flotaras.

• **Insomnio o dificultades para mantener el sueño:** Cuando nos encontramos en un estado de alerta, el cuerpo no termina de relajarse y no se permite descansar ni cerrar sesión un rato. Siente que debe seguir atento ante cualquier posible peligro.

- **Cansancio o fatiga:** Mantener el estado de alerta de manera constante exige que el cuerpo gaste muchísima energía. ¿Qué sucedería si no paráramos de usar el móvil ni un instante? Se agotaría la batería enseguida, una y otra vez, y seguiría necesitando energía por mucho que lo recargásemos con una batería portátil,. Este exceso continuo de gasto y recarga rápida lleva inevitablemente al desgaste de la batería en el caso del móvil y a cansancio y fatiga en el nuestro. Esto se debe a que, en realidad, lo que necesitas no es una recarga rápida, sino parar, desconectar y descansar de verdad cuando el cuerpo te lo pide.
- **Dolor, molestias o sensaciones en diferentes zonas del cuerpo:** El organismo muchas veces nos habla incluso antes de que la mente tome consciencia. Esto puede hacerlo de dos formas diferentes:
  - **Hipersensibilidad:** El cuerpo amplifica cualquier sensación física, por pequeña que sea, para revisar si es peligrosa o no. Es como si hiciera zoom a cualquier señal física y esta tomara todo el protagonismo.
  - **La somatización:** Hablamos de somatización cuando se experimentan síntomas físicos reales que en apariencia no tienen una explicación médica identificable. Que tenga un origen emocional no quiere decir que no sea real, la diferencia está en el origen o la vía de entrada de ese malestar.

  Por ejemplo, si tomo un yogur en mal estado, mi cuerpo reaccionará con dolor de barriga y activará el sistema digestivo para que actúe de la manera necesaria (y tal vez algo gráfica) para depurar aquello que le ha sentado mal y recuperarse. A veces, la vía de entrada de ese malestar no es un alimento, puede ser una preocupación o un estado emocional, pero de todos modos puede afectar al cuerpo por algunos de los motivos que hemos visto.

Síntomas cognitivos (lo que piensas)

- **Preocupación constante:** No lograr parar de pensar en cosas que podrían salir mal es una sensación persistente de miedo al futuro, aunque de manera objetiva se trate de situaciones poco o nada probables.
- **Sensación de miedo y alerta:** Estado de vigilancia incesante, mantener la extraña impresión de que algo malo puede ocurrir en cualquier momento. A veces se siente como un presentimiento, lo que suele asustar, pero no. No es que hayas desarrollado poderes brujeriles, si adviertes otros síntomas, hay muchas papeletas de que sea ansiedad.

  Tal vez tengas la sensación de que todo lo que sucede a tu alrededor son señales de un posible suceso grave. De repente parece que todo el mundo habla de enfermedades, de muerte o de sufrimiento... Esto pasa porque, sin darte cuenta, estás apuntando la antena parabólica hacia todo lo malo.

  Como cuando te planteas comprarte un pantalón color verde crema porque te parece muy original, pero de repente ves a mujeres con pantalones de ese mismo color por todas partes. Sin darte cuenta, tu atención se ha centrado en detectar cierto elemento.

- **Miedo a volverte loca (como solemos decir popularmente):** Tu cabeza y los pensamientos no paran, parece que todo va muy rápido en una concatenación de ideas y más ideas, unas detrás de otras, todo a un ritmo frenético. En situaciones así, tal vez hayas deseado que aparezca por arte de magia un botón de pausa con el que poder desactivarte y descansar. Es muy común que cuando esto suceda pienses que estás a punto de volverte loca, pero, tranquila, te aseguro que no es así, aunque pueda parecerlo. Es lo normal si tienes ansiedad y no, no estás sola.
- **Sensación de irrealidad, desconexión:** Es una experiencia muy rara y desconcertante sentirte como alejada o despegada de tu cuerpo o de la realidad, es lo que en psicología se conoce como disociación. Hay dos tipos muy comunes.
  - **Desrealización:** Cuando lo que sucede a tu alrededor se percibe como irreal, como si estuvieras viviendo en un sueño, aunque seas consciente de que lo que sucede es real.
  - **Despersonalización:** Cuando te sientes como «fuera» de tu propio cuerpo, como si te costara experimentar tus propias experiencias físicas y emocionales. Es como si estuvieras viendo una película y te vieras a ti misma como la protagonista de esa historia.

Ambas ocurren por la misma causa: se trata de una reacción protectora. La ansiedad o las emociones que estás sintiendo son tan abrumadoras que el cuerpo «desconecta» o «se separa» de sí mismo para evitarte el sufrimiento. Suele vivirse con mucha incomodidad e incluso miedo.

- **Pensamientos y anticipación catastrófica:** Tu diálogo interno está repleto de ideas acerca de todo lo que podría pasar. Pero no, no piensas en que es posible que ganes la lotería. Esos pensamientos son de carácter catastrófico y hablan sobre el miedo a enfermar, a sufrir accidentes o acerca de que todo lo que pueda salir mal saldrá horriblemente mal.
- **Pensamientos intrusivos:** Son pensamientos que aparecen de repente, casi como de la nada, como si abrieran de un portazo la entrada hacia tu mente sin ni siquiera avisar. Pueden ser preocupaciones o pensamientos catastróficos, como los que hemos visto antes, pero también pueden ser pensamientos aleatorios como: «¿Y si de repente me pasa algo y, como estoy sola, nadie se entera?» o «¿Y si se me va la cabeza mientras conduzco y doy un volantazo?»... Suelen asustar y apoyar la hipótesis de «Voy a perder el control», pero en realidad no es así. Es una de las formas que tiene nuestra maravillosa ansiosa de comprobar que, en efecto, no vas a hacer nada de lo que te da tanto miedo.
- **Pérdida de memoria u olvidos:** Lo que percibimos como olvidos o pérdidas de memoria son muchas veces el resultado de no prestar toda la atención necesaria a lo que hacemos. Estamos tan sumergidas en nuestras propias preocupaciones y pensamientos ansiosos que vamos con el piloto automático, sin anclarnos en el presente que vivimos. No es que hayas olvidado dónde dejaste la llave del coche, es que las colocaste encima de la mesa de la cocina mientras ibas con el turbo puesto y pensando en otra cosa.
- **Confusión mental:** ¡Como para no estar confundidas! Amiga, sostener tanta carga de pensamientos, ideas,

preocupaciones y miedos es tremendamente agotador. La cabecita se cansa con tanto trabajo. Es difícil tener claridad mental cuando existe un barullo interno tan abrumador.

- **Miedo a que nadie te entienda:** A veces es muy difícil explicar todo lo que se nos pasa por la mente, sobre todo porque la mayoría de las veces ni nosotras mismas podemos descifrar qué nos ocurre. Eso puede hacerte sentirte incomprendida y sola. En ocasiones, ni siquiera hacemos el intento de explicarlo por vergüenza, falta de conocimiento o por no encontrar las palabras. Sé que puede asustar, pero compartir lo que te sucede por dentro y cómo te sientes al respecto es tremendamente liberador. Sobre todo si te sinceras con tus personas más cercanas, aquellas que son como un refugio para ti, aunque pienses que no estás dando con las palabras adecuadas y te suponga un gran esfuerzo. Te animo a probarlo.

Síntomas conductuales (lo que haces)

- **Comprobaciones constantes:** Revisas lo que sea, a veces incluso entras en un bucle para aliviar la duda de que algo pueda estar mal. Estas comprobaciones pueden ser sobre el propio cuerpo («¿Tengo fiebre?», «¿Me late normal el corazón?», «¿Este lunar ya lo tenía?», «¿Es normal que mis pupilas estén así de dilatadas?») o sobre el entorno («¿He desenchufado la plancha del pelo antes de salir?», «¿He cerrado la puerta de casa?», «¿Mi madre habrá llegado ya al trabajo?»).

- **Repetir ciertos patrones o rituales:** Necesitamos sentir control, estabilidad y certeza, pero, cuando la ansiedad está a tope, sentimos que carecemos de todo lo anterior, así que el cerebro genera sus propios trucos para crear esa sensación de seguridad. Puede que te resuenen ciertos pensamientos como «Voy a pisar solo las líneas blancas del suelo, así seguro que hoy será un buen día» o «Si no apago y enciendo las luces tres veces cada vez que salgo de casa, sucederá algo terrible». También puede presentarse de otras formas, como teniendo la necesidad de hacer ciertas tareas en un orden determinado o colocar las cosas encima de la mesa de trabajo de una forma específica. Estas conductas son bastante más comunes de lo que pensamos y, aunque seamos conscientes de que no tienen lógica, nos sentimos más liberadas completando estos rituales, solo por si acaso...
- **Evitar o huir de situaciones incómodas:** Para mantenerte sana y salva, tratas de eludir a toda costa la exposición a situaciones que te generen malestar, como lugares muy concurridos, hablar en público, conducir... A veces esto puede llevar al aislamiento social.
- **Inquietud:** Sensación de nerviosismo, el cuerpo está muy activado y en constante agitación, como si te hubieras tomado tres cafés y una bebida energética... a la vez. Vas de aquí para allá, mueves la pierna de manera compulsiva mientras estás sentada o parece que tienes incontinencia verbal y no puedes dejar de hablar, a veces incluso repites una y otra vez lo mismo en bucle.
- **Búsqueda de síntomas en san Google y compañía:** Otra manera de hacer comprobaciones, esta vez aprovechando la tecnología. Puedes pasar horas haciendo bús-

quedas en Google o preguntándole a ChatGPT para confirmar o descartar posibles autodiagnósticos.

- **Tratar de desviar la atención a cualquier cosa para no pensar:** El bullicio de tu cabeza es tan potente que necesitas de manera urgente cualquier estímulo que te ayude a salir de ahí. Dejas la tele siempre encendida, no paras de escuchar música, pódcast o de hacer *scroll* en redes sociales con tal de desviar la atención a cualquier estímulo que te mantenga mínimamente entretenida y que evite que pienses en aquello que puede generarte ansiedad.
- **Dificultad para disfrutar de momentos:** Estás tan preocupada y atenta a cómo te sientes y tienes tanto miedo de que te suceda algo malo que te resulta tremendamente difícil estar en el aquí y el ahora y disfrutar del presente. Esto puede ser muy frustrante porque muchas veces sientes que pasan los días y todos son iguales, como si estuvieras atrapada en un bucle, y todo te genera apatía o incomodidad, siempre estás pensando en lo que vendrá después.
- **Planear situaciones al detalle con antelación:** Anticiparse y planificar acontecimientos, horas, días, semanas o incluso meses antes de que sucedan. Ser previsora no es malo *per se*, por supuesto. El problema es cuando buscas tener soluciones para absolutamente todo (incluso aquello que no está en tus manos) o planes A, B, C y D (o el abecedario entero) para cualquier situación posible, solo por si las moscas, y esto te agota. La ansiedad lleva fatal la incertidumbre, así que necesita tener la maleta cargada de «porsiacasos» para sentirse más segura.

Estos son solo algunos ejemplos. Cada parte ansiosa es tan genuina como la persona a la que pertenece.

¿Te has sentido identificada con alguno de estos síntomas?

Si es así, no estás sola, pero tampoco estás loca. Es muy posible que sea la ansiedad hablándote a su manera y, aunque puedan parecer mensajes confusos, todos te están diciendo lo mismo: «Tenemos que hablar, hay cosas por ahí que están sobrecargando al sistema y es el momento de echarle una mano. Y te necesito».

IMPORTANTE:
Reconocer síntomas como los expresados hasta ahora (palpitaciones, falta de aire, mareos, presión en el pecho, fatiga...) puede estar relacionado con la ansiedad, pero no quiere decir que esta sea la principal o única causa. SIEMPRE es necesario contar con la valoración de un profesional de la salud adecuado (médico o psicólogo) para descartar cualquier otro origen. Sobre todo, si los síntomas se manifiestan de forma persistente, condicionan o limitan tu día a día, e incluso si disminuyen. El trabajo psicoterapéutico y médico van de la mano, sobre todo cuando la sintomatología se cronifica o provoca dudas persistentes. Por ello, si te has visto reflejada en alguno de los síntomas de las páginas anteriores, te recomiendo que busques acompañamiento de un profesional. Conocerse mejor y trabajar en la relación con una misma a través de herramientas como este libro es genial, pero nada puede sustituir la ayuda que puede brindarte un profesional de la salud.

EJERCICIO

Retrato de un síntoma

Para acercarnos algo más a la parte ansiosa desde la curiosidad en lugar de desde otra emoción más desagradable, como el miedo o la frustración, te propongo convertirnos en exploradoras por un rato.

Ahora que poco a poco vamos adquiriendo conocimiento de lo que nuestra querida amiga es en realidad, vamos a investigarla en profundidad. Es lo justo, ¿no? Parece que ella nos conoce demasiado bien, así que es razonable que busquemos ponernos al mismo nivel. El conocimiento es poder y nos ofrece ventaja, así que ya es hora de que te sientas PODEROSA, aunque sea poco a poco.

Allá vamos. Vamos a hacer un retrato de algún síntoma (puede ser uno de los anteriores o cualquier otro que te venga a la cabeza después de haber leído estas páginas) y externalizarlo en este espacio que te dejo a continuación.

No hay ninguna norma: dibújalo como quieras. Puede tener forma definida o abstracta, puedes usar lápices de colores, pueden ser palabras o símbolos... Da rienda suelta a tu imaginación y permítete explorar este ejercicio de manera natural.

Para empezar, tómate unos minutos para pensar en el síntoma, cierra los ojos si te resulta más fácil y permítete sentirlo, al menos un poco, siempre que sea soportable. ¿Lo tienes? Pues adelante.

- Ahora toca ponerle un título, aprovecha y busca algo divertido si quieres como *Doña Mareos*, *El Palpitador*, *Suspiritos*...
- Pregúntate dónde lo sientes en el cuerpo y cuándo suele aparecer.
- En este punto, pídele que te explique qué quiere transmitirte en realidad y si hay algo que puedas hacer para calmarlo. Puedes incluso recoger esto en un bocadillo.
- Con esta información, piensa en el síntoma de nuevo, en cómo sería si estuviera más calmado y tranquilo y vuelve a dibujarlo.

Enhorabuena por haberte permitido esta exploración. ¿Qué tal ha sido la experiencia? Date las gracias a ti misma y dáselas también a tu parte ansiosa por daros este pequeño espacio. Visualizar el síntoma nos ayuda a recordar que, muchas veces, no se trata de una amenaza real, aunque pueda parecerlo. A menudo, no eres tú ni eres tu ansiedad. Eres una persona compleja, única y muy especial aprendiendo a lidiar con ella. Y, aunque quizá pueda resultar difícil verlo en este instante, cada vez estás más cerca de marcar tú misma las reglas.

5

MI ANSIEDAD TIENE PODERES: DE LA RESPUESTA NORMAL AL ESPECTRO DE SUS PARTES

Por fin llego a casa después de un largo día de trabajo. Son las ocho y llevo despierta y sin parar desde las siete de la mañana, ¡socorro! Me quito los zapatos y me deleito por un momento con el fresquito del suelo mientras camino descalza por el pasillo. Aún tengo que ducharme, preparar la cena y todas esas cosas de adulta responsable, pero de momento voy directa al sofá a tomarme un respiro *scrolleando* en redes sociales un rato.

Voy pasando de un vídeo de veinte segundos a otro. Me pregunto en qué momento el algoritmo ha decidido que me encantaría aprender a hacer figuras de cerámica. La verdad es que ha acertado, porque se me pasan los minutos sin apenas darme cuenta. Tan absorta estoy aprendiendo una técnica floral de lo más original, cuando de repente me salta en la pantalla una notificación que me provoca un minisusto. Es un audio de mi amigo Cris. Puedo imaginarme de lo que me estará hablando, un tema que ahora mismo ni me apetece ni sé cómo abordar.

Cada año desde hace un tiempo, por estas fechas, planeamos una escapada de un par de días y viajamos a algún lugar que nos apetezca. He estado temiendo este momento porque en esta ocasión no me encuentro con fuerzas. Estoy agotada y, si te soy sincera, la idea de viajar en avión me angustia mucho últimamente. ¿Cómo se lo voy a explicar? Me preocupa que no entienda mis sentimientos o se lo tome mal.

Respiro y decido escuchar el audio más tarde. Total, por un rato de procrastinación no va a pasar nada.

Tres días más tarde...

¡Vaya! El ratito ha pasado a convertirse en tres días y aún no me he atrevido ni siquiera a abrir la conversación de WhatsApp. Tampoco es que esté tranquila, la idea del audio sin escuchar me ha estado persiguiendo como un fantasma. ¡Tres días! ¿Cómo voy a contestar ahora y más cuando Cris sabe que llevo tres días evitándolo? ¡Qué vergüenza!

El agobio va haciéndose cada vez más grande y comienza a tomar protagonismo el conflicto interno.

Entonces, la ansiedad hace su gran aparición. Pero no viene sola: trae consigo varias de sus mejores facetas. «Ya han pasado tres días, seguro que Cris debe de estar molesto contigo», susurra la Pitonisa. «Tienes que responder ya, pero explícate bien, parte por parte. Lo mejor será que planifiques con cuidado todo lo que le vas a decir antes de contestar», apunta la Controladora. «Mejor pasa de todo, haz como si nada, olvídate y confía en que ya pasará», sugiere la Escapista. Lo de pasar de todo no me parece tan mal, pero, claro, llevo días con esa táctica y no me siento mejor precisamente. «Se te está acelerando el pulso y estás respirando raro, deberías comprobarte la tensión arterial a ver si te está dando algo», me dice la Hipocondriaca. Tiene razón, no me encuentro muy bien...

Vale, ahora estoy bloqueada. Siento como si tuviera un debate interno entre multitud de partes y creo que me va a explotar la cabeza.

Al final, el audio sigue pendiente de escuchar y yo, mientras tanto, continúo perdida en el guirigay que está aconteciendo en mi cabeza. Sé que mi mundo interno trata de ayudarme para encontrar la respuesta correcta a esta situación; sin embargo, al mismo tiempo, cada vez me agobia más.

Así se presenta muchas veces la ansiedad, como una actriz camaleónica y multifacética capaz de interpretar a la perfección varios papeles en un mismo escenario.

Es probable que te hayas visto envuelta en alguna situación parecida en más de una ocasión. Con una lucha interna entre distintas partes que se activan en tu cabeza pugnando por conseguir la solución ideal a un problema o peligro potencial que tal vez ni exista.

En el relato anterior hemos visto que la parte ansiosa está tratando una vez más de proteger de la forma que conoce y cree más adecuada al yo, conformado por todas las partes. **Trata de prevenir, anticipar, controlar la situación, calmar y evitar el dolor y el sufrimiento**, como ya sabemos.

Recuerda que la ansiedad es una parte más de tu mundo interno. Aunque a veces parece secuestrar a las demás y les impide participar en la complicada tarea de regularte a nivel emocional, estas siguen ahí contigo.

En las siguientes páginas, vamos a profundizar en las diferencias entre **ansiedad adaptativa** (normal, dentro de niveles sanos y lógicos) y **ansiedad desadaptativa** (desproporcionada, cuando se cronifica y se convierte en un problemita).

Repasaremos al gran espectro ansioso. La ansiedad es como un arcoíris completo, con diferentes colores, tonos y matices. Cada color puede ser una de las formas que tiene de hacerse notar, desde un azul celeste, que podría representar el estrés por un trabajo durante un tiempo determinado que demanda mucha energía en un corto plazo, a un rojo de la ansiedad generalizada, más fuerte y de mayor intensidad.

Cuando la ansiedad se pasa de rosca

Ya sabemos que la ansiedad es una parte esencial de la que no podríamos prescindir, tan importante que sin ella no hubiera sobrevivido la especie humana. Entiendo que en ocasiones puedas sentir la necesidad de extirparla de tu cuerpo y dejar espacio para otra cosa; sin embargo, hacerlo sería como desprenderse de otras partes esenciales como la alegría o la tristeza, o emociones muchísimo más complejas como, por ejemplo, el amor. ¿Te imaginas eliminar la felicidad del cuerpo?

Pese a ello, la realidad es que **nuestra amiga no siempre interpreta su papel como nos gustaría**. Esto pasa cuando se cronifica y, con el tiempo, se apodera del control, como ya hemos visto, por malinterpretar señales, creer que debe estar en alerta y protegerte de algún posible peligro a tu alrededor de forma persistente.

En psicología, diferenciamos entre **ansiedad adaptativa** y **ansiedad desadaptativa**:

Podemos identificar la ansiedad como **adaptativa** cuando:

- **Desempeña bien su trabajo**, te acompaña con la alerta necesaria como para detectar un peligro a tiempo y mantenerte preparada y segura.
- **La alerta es proporcional a la situación.** Por ejemplo, imagina que vas dando un paseo por la calle y, de repente, escuchas pisadas que se te acercan corriendo. Saltará la alarma para comprobar qué está pasando. ¿Es alguien que se acerca hacia ti para atacarte y estás ante un posible peligro? Enseguida se disparará la alerta y, en cuestión de segundos, estudiarás la situación mientras el cuerpo moviliza lo necesario por si hay que salir corriendo (el corazón bombea más fuerte, los sentidos se amplifican...). Te das la vuelta para mirar, te preparas para reaccionar y descubres que es una persona practicando deporte.
- **Aparece mientras sea necesaria, pero te permite volver a la calma una vez pasa el peligro.** Siguiendo con el ejemplo anterior, cuando te das cuenta de que nadie iba a atacarte, sino que es una persona practicando deporte, tu cuerpo vuelve al estado de calma. Eso sí, no has podido evitar el susto y necesitarás unos minutos para volver a respirar tranquila.

- **Ofrece protección ayudando a organizarte y reaccionar** con rapidez, pero **no se mantiene a largo plazo, no condiciona tu estado emocional** ni te impide vivir y estar presente en el aquí y el ahora. Actúa mientras esté presente aquello que se identifique como amenaza, pero no domina la situación siempre. Retomando el ejemplo del *runner*, aunque te hayas llevado un susto inesperado, puedes continuar con lo que estabas haciendo sin necesidad de mirar a todas partes por si ocurre cualquier otra cosa.

Y podemos identificar la ansiedad como **desadaptativa** cuando:

- **La aparición y la intensidad de la ansiedad no es proporcional a la situación real.** Por ejemplo, si estás en la seguridad de tu casa teletrabajando y, de repente, tu jefa te escribe un mensaje por Teams preguntándote si tienes cinco minutos, porque necesita hablar contigo. En ese instante, tú ya estás pensando en que seguro que te van a despedir, que puede pasar algo malo en cualquier momento, y empiezas a sentir retortijones en la barriga y a hiperventilar. Pero lo cierto es que estas reacciones no responden a ninguna amenaza real, sino a una sensación de peligro interno. La ansiedad no estaría actuando de manera adaptativa..., y tu jefa solo quiere avisarte de que te van a subir el sueldo.
- **Persiste en el tiempo, ya sea ante un peligro que nunca existió o ante una amenaza que ya pasó.** Como si después de que tu jefa te haya llamado para darte la buena noticia de manera inesperada, esa sensación de alerta desmedida que te ha causado su mensaje se mantuviese durante horas y horas.

- **Condiciona e interfiere en tu estado de ánimo en el día a día.** Te hace evitar situaciones, limita tu relación con el mundo y la interacción con otras personas, hace que estés la mayor parte del tiempo asustada...
- **De alguna manera, pasa a ser tu centro de gravedad**, como si todo girara alrededor de la ansiedad. Por ejemplo, aceptas o rechazas planes en función de cómo crees que podría afectarte la ansiedad en esos momentos.

En resumen, **la ansiedad adaptativa es reguladora y proporcional a la situación**, está mientras debe estar, después **se desvanece para dar paso a la calma**. En cambio, **cuando la ansiedad se cronifica, actúa de manera desproporcionada e interfiere siempre** en tu vida, se transforma en **desadaptativa**.

EJERCICIO

Cuando mi ansiedad se pasa de la raya

Ahora un breve ejercicio de autoconocimiento para seguir sacando a nuestra exploradora y darle forma a nuestra parte ansiosa. En el siguiente recuadro verás una línea ascendente que representa diferentes niveles de ansiedad, desde un estado de seguridad y calma hasta el punto límite. Utiliza este recurso como quieras. Puedes escribir sobre él, contestar mentalmente o hacerlo en una hoja aparte. Como tú prefieras, todo es válido.

Piensa en cómo te sientes cuando estás tranquila o en calma, en estado normal de regulación, cuando ya hay señales de que la ansiedad se empieza a pasar de la raya y, por último, cuando es demasiado intensa. ¿Qué señales hacen reconocible estos momentos?

Por ejemplo:

- Me siento muy calmada cuando estoy de vacaciones en la playa rodeada de mi familia, estoy tranquila y segura.
- Estoy en un estado equilibrado cuando vivo el presente con tranquilidad, lo sé porque no estoy preocupada a todas horas, puedo relajarme y no me siento cansada.
- Noto que se pasa de la raya cuando empiezo a tener pensamientos intrusivos ilógicos. Por ejemplo, de repente me preocupa si mi pareja no me coje el teléfono cuando le llamo y pienso que le ha pasado algo grave.
- Es demasiado cuando siempre estoy en alerta, me asusta incluso el sonido de un claxon en la calle, siento presión constante en el pecho y estoy mareada la mayor parte del día.

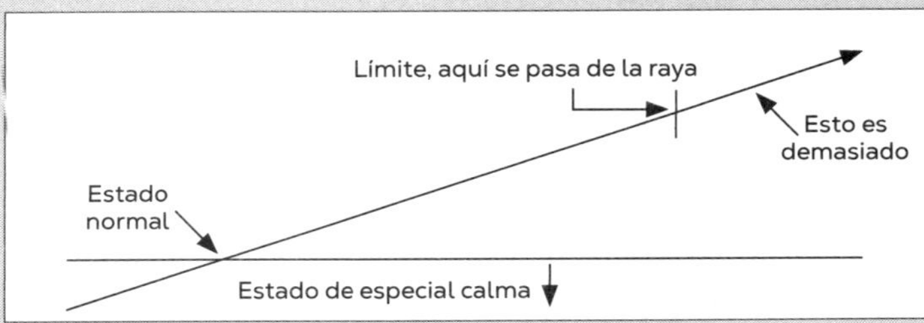

¿Cómo te has sentido haciendo este ejercicio? Es posible que haya removido algunas sensaciones en ti. Si es así, permítete acompañarlas un poquito.

Tal vez has identificado cómo aparece la ansiedad en cada nivel, esto es genial porque así tendrás un punto de referencia de aquí en adelante. La próxima vez que notes que te alejas de tu estado de calma, podrás reconocerlo antes y poner en marcha estrategias de regulación que te funcionen.

El gran espectro ansioso

Por lo general, el concepto «ansiedad» se emplea como se usa un flisflís multiusos casi para todo. Así como aprovechamos para limpiar desde un espejo a la pantalla del ordenador con el espray, también aplicamos el término «ansiedad» para describir desde un cosquilleo previo a hablar en público hasta un ataque de pánico que te deja sin aire en un centro comercial.

Sin embargo, **el espectro ansioso es mucho más amplio que el de un multiusos, está repleto de matices y se presenta de diferentes formas**. En este apartado, vamos a bucear en ese continuo, desde el estrés puntual cotidiano hasta cuando se complica y se transforma en dificultades más intensas y limitantes. El objetivo es tener una imagen panorámica de las formas que puede adoptar y saber reconocerla cuando experimentemos un síntoma que nunca habíamos sentido.

Estrés puntual

El término «estrés» proviene del inglés *stress*, que a su vez deriva del latín vulgar *strictus* y que literalmente significa «apretar», «tensar» o «estrechar».

En el siglo XVII, el físico y biólogo R. Hooke utilizó el concepto de estrés para asociarlo a fenómenos físicos de presión y fuerza. Hooke lo aplicó a estructuras que debían sostener grandes cargas, como puentes. Es decir, se usaba con construcciones sólidas que soportaban el peso de fuerzas externas (coches, camiones, autobuses...) y se mantenían en pie. Más adelante, a partir del siglo XX, comenzó a utilizarse en biología y psicología gracias al médico y fisiólogo de origen austrohúngaro Hans Seyle.

El cuerpo humano también es una estructura sólida que se ve expuesta a soportar demandas externas, pero, en lugar de sostener el peso de un coche, nosotras cargamos experiencias, situaciones, emociones... **En definitiva, la vida, que no es poco.**

El estrés es lo que sentimos de manera puntual cuando una situación nos sobrecarga. El sistema reacciona amoldándose a ese peso, pero, una vez pasado, vuelve por defecto a su estado natural. Por ejemplo, si tienes un viaje programado temprano en avión y el despertador no suena a tiempo, el cuerpo se movilizará y sostendrá la angustia y el nerviosismo de correr de aquí para allá ultimando los detalles para llegar a tiempo al aeropuerto. Una vez pasada la situación, cuando ya hayas facturado las maletas y te encuentres esperando en la puerta de embarque, sentada disfrutando del café que no te ha dado tiempo a tomarte antes de salir de casa con las prisas y el estrés, el cuerpo volverá a la calma.

Ansiedad leve debida a situaciones concretas

Se parece al estrés puntual, pero es más sostenida en el tiempo, aunque no lo suficiente como para convertirse en crónica. **Es un tipo de ansiedad adaptativa que se ajusta a una situación o a un momento que demanda una respuesta ante un posible peligro.** Es proporcionada a la situación y transitoria.

Se activa ante un desafío que se detecta de manera clara y **tiene principio y final**. Activa la respuesta del cuerpo mientras sea necesario, pero no te condiciona ni limita la vida.

Una intensa semana de exámenes finales puede dar lugar a este tipo de ansiedad situacional. Durante un tiempo determinado, quizá estés con los nervios a flor de piel. Tu cuerpo pondrá en marcha el modo «vamos a hacer lo que podamos, que estamos de finales» para exprimir al máximo tus capacidades y ayudarte a dar el último empujón. Quizá pases una semana durmiendo regular porque estás repasando mentalmente el temario, tengas el estómago revuelto y una especie de sensación de urgencia que te mueve a repasar todo lo que tu cabeza alcance a retener. Una vez finalizada la semana infernal, tu cuerpo volverá a regularse poco a poco y regresará a la calma.

Fobias específicas

Suponen un miedo muy intenso y desproporcionado a elementos o situaciones concretas. Provoca una alarma muy intensa, no es solo un «Uy, esto no me gusta o me pone nerviosa».

El sistema percibe que ese estímulo fóbico (arañas, agujas, serpientes, volar en avión, gente...) es muy peligroso. El cuerpo reacciona con rapidez, puede sentir algunos síntomas físicos como palpitaciones, temblores, mareos, náuseas..., y la respuesta automática será de huida: cuanto más lejos esté de aquello que provoque ese intenso temor que ha desencadenado la reacción de pánico, mucho mejor. La persona suele ser consciente de que el miedo es excesivo, pero aun así es incapaz de controlarlo.

Por ejemplo, hay personas que tienen una gran fobia a animales como las serpientes. Sin embargo, mientras no vivas en una zona plagada de estos bichos, como Australia, esta fobia no será muy limitante, ya que será extraño que te encuentres con este reptil. Sin embargo, a veces la fobia se desarrolla ante elementos más cotidianos: ascensores, agujas, espacios cerrados, alturas... Puede ser una verdadera odisea enfrentarse a algo tan común como una analítica o a algo que obliga a la persona a subir y bajar infinidad de escaleras.

Muchas veces, detrás de estas fobias hay toda una historia traumática. No se debe de manera necesaria a haber tenido una experiencia previa negativa con el estímulo temido. Por ejemplo, recuerdo el caso de una persona a la que acompañé en terapia durante un tiempo que sufría un miedo terrible a viajar en avión. Esto le condicionaba muchísimo porque, para colmo, vivía en Gran Canaria. Es decir, es muy difícil evitar volar si vives en una isla y quieres trasladarte a otro lugar del mundo. Ella no lograba entender de dónde procedía ese miedo, ya que no recordaba haber sufrido ninguna experiencia traumática relacionada con un vuelo en ningún momento de su vida ni nada que pudiera explicar sus síntomas.

Repasando con cuidado su historia, descubrimos que el miedo se había desarrollado tras haberse desmayado un día por una bajada de tensión. No fue grave, además la acompañaba su pareja y todo quedó en un susto, pero era la primera vez que le ocurría. No le dio mucha importancia al principio, sin embargo, empezó a plantearse qué haría si volviera a pasar. ¿Y si le pasaba estando sola? ¿Y si le sucedía en un espacio lleno de gente? Poco después de este suceso, tenía previsto volar a una de las islas vecinas y comenzó a sentir pavor ante la posibilidad de que la bajada de tensión volviera a ocurrir durante el vuelo. Recordaba que tanto el viaje de ida como el de vuelta se sintió muy agobiada y preocupada por si le ocurría algo durante el trayecto. Con el tiempo, la preocupación ante un desmayo en un espacio reducido como el avión se transformó en un miedo intenso a todo lo relacionado con volar. Fue muy interesante descubrir el verdadero motivo, pues esto nos permitió hacer un trabajo maravilloso. Y creo que ya se ha recorrido buena parte del mundo.

Agorafobia

Hasta hace poco se diferenciaba entre «agorafobia», conocida como «miedo a los espacios abiertos», y «claustrofobia», conocida como «miedo a los espacios cerrados». Hoy el *Manual diagnóstico de los trastornos mentales* (DSM-5) los agrupa en un mismo espectro.

En realidad, se trata de un miedo intenso a estar expuesta a situaciones de las que es difícil escapar. El centro de la ansiedad es la pérdida del control en el espacio o bien la posibilidad de verte atrapada en él.

Por ejemplo, puedes sentirte muy agobiada en la ducha, en la peluquería o incluso en una sesión de masaje, actividades que en teoría deberían ser agradables, ¿no? Entonces, ¿por qué puede experimentarse como algo tan angustioso? Pues porque son situaciones en las que se complica la posibilidad de una huida rápida. Sería un poco raro salir empapada y desnuda de la ducha o con la cabeza llena de platina de la pelu. Así que puedes sentirte atrapada.

Ansiedad generalizada

La ansiedad puede convertirse en generalizada cuando se cronifica y persiste durante largo tiempo. Ya no aparece solo ante determinados estímulos, sino que te acompaña siempre, como un fantasma muy pesado. Es difusa, como si existiese **una preocupación constante y, a veces, excesiva e irracional ante todo y nada a la vez**.

Tu mundo interno está patas arriba y el interruptor de la anticipación ante probables amenazas está encendido todo el día sin descanso. Lo cierto es que, de algún modo, se trata de economía mental. Como ya hemos visto antes, activar y desactivar la alarma le demanda al cuerpo una gran cantidad de energía. Por eso, cuando la parte ansiosa pasa a estar pilotando sin descanso, al sistema interno le sale más rentable mantener los sensores de alerta encendidos que apagar y encender fusibles. Así, cuando la parte ansiosa pasa a estar pilotando constantemente, el sistema cree que se está ahorrando esfuerzos, aunque en realidad se agota más. Algo parecido a cuando dejas el grifo abierto mientras lavas los platos porque, total, lo vas a tener que abrir otra vez, o cuando dejas la nevera abierta mientras cocinas para tener los ingredientes más a mano. Crees que estás siendo práctica, pero en realidad desgastas aún más los recursos.

La sensación de preocupación es continua e incontrolable, así que el cuerpo se mantiene en tensión permanente. Suele venir acompañada de la mayoría de los síntomas que exploramos en el capítulo anterior, desde los físicos a los cognitivos y conductuales.

En esencia, una persona con ansiedad generalizada está preocupada todo el día, desde que abre los ojos al despertar hasta que por fin logra dormirse. Y el universo de inquietudes es tremendamente amplio. «¿Qué pensará Yaiza del correo que le mandé?». «Estoy mareada, ¿y si tengo alguna enfermedad?». «Hoy no me ha llamado mi madre en todo el día, ¿y si le ha pasado algo o está enfadada conmigo?»... La lista es interminable.

Trastorno obsesivo-compulsivo (TOC)

Puede que hayas escuchado frases del tipo: «Es que tengo un TOC con ordenar las cosas por colores», «Siempre reviso dos veces si he cerrado la puerta de casa, tengo un TOC».

Lo cierto es que, en los ejemplos anteriores, si bien existe una necesidad irrefrenable de llevar a cabo ciertas acciones de manera concreta, aventurarnos a llamarlo TOC quizá es pasarse un poco. Todo lo que comience por la palabra «trastorno» supone un nivel de intensidad elevado y un diagnóstico. Es decir, una situación que puede llegar a condicionar y limitar la calidad de vida en función de la intensidad. Es algo que a menudo la persona que lo sufre lucha por controlar, incluso cuando sabe que sus comportamientos y pensamientos no responden a un componente lógico.

Puede resultar estigmatizante para determinadas personas, y esto no debemos olvidarlo.

Siento que en este apartado será interesante distinguir entre el trastorno como tal y las acciones o rituales que relacionamos comúnmente con el TOC, pero que constituyen un síntoma habitual en la ansiedad.

El TOC como trastorno

Se caracteriza por la presencia de **obsesiones** y de **compulsiones**:

Las **obsesiones** pueden ser ideas, pensamientos, imágenes o impulsos persistentes. Son invasivos y muy difíciles de neutralizar, de modo que se experimentan con mucha angustia. No son pensamientos voluntarios y la persona suele hacer un esfuerzo titánico para luchar contra ellos. Son insistentes e irracionales. Su contenido puede ser de lo más aleatorio, desde pensamientos del tipo «¿He dejado la plancha del pelo encendida?» o «¿Y si no cerré bien la puerta de casa y alguien entra a robar?», que se repiten hasta la saciedad, o incluso imágenes, pensamientos violentos o sexuales que no reflejan deseos reales. Como imaginarte haciendo daño a alguien a quien quieres.

Las **compulsiones** son el resultado de tratar de paliar y aliviar las obsesiones. Son acciones que idea el cerebro para calmar la ansiedad que provocan las primeras. No suelen ser lógicas. Por ejemplo, para evitar pensar sobre si dejé o no la puerta de casa bien cerrada, mi cerebro puede idear un ritual compulsivo de abrir y cerrar con llave tres veces seguidas para cerciorarme de que está hecho y quedarme más tranquila. O, para convencerme de que no va a pasar nada grave, puedo repetirme ciertas frases mentalmente, encender y apagar las luces un número determinado de veces, evitar pisar las líneas del suelo cuando voy por la calle y un largo etcétera.

Conductas protectoras de la ansiedad que solemos asociar al término TOC

Como ya hemos visto antes, la ansiedad suele venir acompañada de preocupaciones, miedos y pensamientos intrusivos (esos que llegan de repente y que pueden tener un contenido de lo más aleatorio). Abordar tanto ruido mental y «controlarlo» es muy complicado, de ahí que el cerebro busque sus propias fórmulas para sentir que domina la situación. Uno de sus trucos estrella es crear rituales o repetir ciertos patrones, pues esto le da calma y ayuda a neutralizar la angustia. La premisa del cerebro es la siguiente: «Hay muchas cosas que escapan de mi control y no me siento seguro, por lo tanto, sin darme cuenta, creo un contenido alternativo que pueda dominar». Por ejemplo, me da miedo que pueda sufrir una crisis de ansiedad en una reunión del trabajo, así que decido que no pasará nada si bebo exactamente tres sorbitos de agua antes de empezar.

En esencia, cuando esta dinámica pasa a controlar y condicionar la mayor parte de tu vida y de tu tiempo, alcanza la categoría de trastorno. Esto se debe a que te limita de manera considerable y todo tu mundo gira alrededor de miles de rituales o repeticiones que sientes que debes hacer, aunque sepas que no tienen lógica.

Crisis de ansiedad y ataques de pánico

A veces se confunden o se usa de manera indistinta, pero no, no son lo mismo ni se presentan igual. **Comparten algunos síntomas, pero difieren en varios aspectos**, sobre todo en intensidad y duración.

La crisis de ansiedad

Ocurre cuando llevamos acumulando tensión durante un tiempo, hasta que el sistema no aguanta más y **el mundo interno se desborda emocionalmente**.

El cuerpo puede reaccionar con agobio intenso, dificultad para respirar, temblores, llanto, sensación de nudo en el estómago, taquicardia, náuseas, escalofríos... La variedad de posibles síntomas es muy amplia. Hay personas que quedan como paralizadas, mientras que otras no pueden parar de llorar. Tiende a durar mucho tiempo, desde unos treinta minutos a incluso horas, depende de la situación y de la capacidad de autorregulación que tenga la persona en ese momento. Es progresiva y no aparece de manera súbita, sino que la intensidad va aumentando poco a poco.

Por ejemplo, piensa en una persona que lleva tiempo acumulando una sucesión de situaciones que la mantienen siempre angustiada. Cada día el nudo en el estómago es más notable y el bucle de preocupaciones también. Cierto día, acude a su puesto de trabajo arrastrando esa presión en el pecho y agotada de no dormir lo bastante bien. Cada vez se siente peor, no sabe por qué, pero tiene la necesidad urgente de estar en casa, de salir de la oficina y llorar a moco tendido. Sin embargo, no puede irse de repente y, poco a poco, la tensión que acumula va en aumento hasta que no puede soportarlo más. Le cuesta respirar, le tiembla el cuerpo y las lágrimas le salen a borbotones mientras trata de recuperar la calma. Pasan los minutos y no consigue tranquilizarse hasta que una compañera se da cuenta de lo que pasa y acude enseguida a echarle una mano. ¿Cómo? Ayudándola a identificar lo que le está ocurriendo y buscando volver a un cierto estado de calma a través de herramientas, como buscar un lugar tranquilo, practicar la respiración profunda y consciente o dejarle que comparta con ella lo que está sintiendo en esos momentos.

El ataque de pánico

Es **explosivo y aparece de forma repentina**. La intensidad es capaz de pasar de cero a cien en cuestión de minutos o segundos. Los síntomas físicos son muy potentes. De hecho, puedes llegar a creer que literalmente te estás muriendo. Experimentar un ataque de pánico suele asustar muchísimo, sobre todo la primera vez que ocurre si nunca habías experimentado algo parecido.

Los síntomas irrumpen con violencia y son más físicos que emocionales. Básicamente esto se debe a que no hay espacio para pensar, solo para sentir un intenso temor, falta de aire, calor interno, cosquilleos, mareos, palpitaciones, presión en el pecho, miedo a perder el control, a que se te vaya la cabeza o a morir.

Dura menos que la crisis de ansiedad, entre unos cinco o veinte minutos aproximadamente, aunque a veces pueden quedar sensaciones residuales en las siguientes horas sin llegar a ser tan extremas. A menudo no tienen un desencadenante claro. Puede ocurrir de repente sin razón aparente, aunque en realidad siempre hay algo que lo dispara, aun cuando no lo detectemos.

Hace unos años, un día estaba tan tranquila de espectadora asistiendo a una obra de teatro. De golpe, sentí como si una alarma interna se activara de manera súbita. No sé si fue el tomar consciencia de que estaba en un lugar repleto de gente, si mi mente relacionó la situación con otros momentos similares en los que había entrado en pánico o quizá una mezcla de todo, pero de un momento a otro me inundó el miedo.

Sentí que el corazón me latía con fuerza. Noté que un horrible calor interno me invadía el cuerpo. Me mareé. Tenía la sensación de que me iba a caer. Parecía que todo era irreal, que estaba como en un sueño y necesitaba salir corriendo. Por suerte, en mi caso reconocía perfectamente lo que me estaba sucediendo y sabía que era un ataque de pánico. No era ni de lejos la primera vez que lo vivía (ni tampoco la última). Así que le apreté fortísimo la mano a mi acompañante, que supo detectar en mi mirada lo que me sucedía y me devolvió el agarre para ayudarme a anclarme. Respiré hondo y salí a coger aire. Te lo cuento para que veas que es posible aprender a gestionar estos ataques y para eso la psicoterapia es una herramienta fundamental en este proceso.

Nuevas formas de ansiedad

IMPORTANTE

Si te sientes identificada, lamento de corazón que tengas que pasar por algo así. Pero no tienes por qué abordar estos momentos sola. Trata de hablarlo con las personas de tu entorno de confianza, así te sentirás apoyada y podrán acompañarte si en algún momento sufres una crisis de ansiedad o un ataque de pánico. Sé que puede resultar difícil compartir algo tan íntimo y doloroso, a veces incluso da vergüenza o temor que no lo vayan a entender. Pero de todos modos te animo a que pruebes a expresarlo, pues te garantizo que hay muchas probabilidades de que la respuesta sea mucho más amable de lo que esperas.

Puede que hayas oído hablar de conceptos como:

- **Ecoansiedad:** Angustia relacionada con el cambio climático y el futuro del planeta.
- **FOMO:** Este acrónimo corresponde a las siglas del término en inglés *Fear Of Missing Out*, literalmente el miedo a perderse algo. Surge sobre todo tras la incorporación de las redes sociales a nuestra vida. Debido a ellas, estamos más expuestas que nunca a la vida de otras personas. Consumimos una gran cantidad de contenido sobre actividades de las que parece que todo el mundo disfruta..., menos tú. Viajes, restaurantes, propuestas sociales, conciertos, deporte, etc. Todo esto alimenta la necesidad de estar cada vez más conectados y presentes en las redes, lo

que a su vez puede provocar la sensación de que te estás perdiendo planazos y te estás quedando atrás en comparación con lo que ves en la mayoría de perfiles.

- **Ansiedad estética:** Presión por cumplir ciertos estándares estéticos y preocupación por conseguirlo. Conduce a la comparación constante, autocomprobaciones de la propia imagen, necesidad de someterse a procedimientos quirúrgicos y estéticos para adaptarse a esos estándares, etc. También está muy alimentada por la gran influencia que están ganando cada vez más las redes sociales y ciertos estándares irreales de belleza.

Estos son solo algunos ejemplos. ¿Quiere decir que estas nuevas formas de ansiedad hayan aparecido de la nada? No, por supuesto que no. Lo que sucede es que en un mundo que gira y evoluciona a pasos agigantados, la sociedad, la cultura y, por lo tanto, el contexto en el que vivimos también lo hacen. Y los elementos, situaciones y disparadores de la ansiedad evolucionan al mismo ritmo.

¿Imaginas a la señora de las cavernas del primer capítulo angustiada por perderse un concierto? ¡Suficiente tiene con sobrevivir al posible ataque de un tigre dientes de sable feroz o un león!

Ahora la amenaza en lugar de un tigre o un león puede ser no sentirse integrada en un grupo o preocuparnos por el planeta que dejaremos a las próximas generaciones. Y no estás sola.

La parte ansiosa y sus poderes

Cuando era pequeña, estaba convencida de que de mayor sería actriz. También es verdad que no sé cómo pretendía arreglármelas para ser detective y astronauta a la vez. Y, aunque al final me hice psicóloga, siempre he estado muy conectada al cine, al teatro y al sector audiovisual en general.

Una de mis actrices favoritísimas sin duda alguna es Meryl Streep. Interpreta a la implacable y controladora Miranda Priestly en *El diablo viste de Prada*; a Donna, una madre adorable y caótica en *Mamma Mia*; o a Madeline Ashton, competitiva, perfeccionista y obsesionada con la belleza en *La muerte os sienta tan bien* (una de mis pelis favoritas).

Pues bien, la ansiedad es como Meryl Streep, una actriz con una capacidad camaleónica envidiable. Es multifacética, como veíamos al inicio de este capítulo, y posee el don de meterse en diferentes papeles e interpretarlos a la perfección, tanto que no se sabe dónde empieza la actriz y termina el personaje.

La ansiedad es una parte del mundo interno y, aunque sea la misma, se transforma y cambia de piel según lo que detecte que necesites. Y, aunque la función sea la misma, proteger, puede modificar su forma, su tono, cómo se expresa…

Para hacerlo más gráfico, ¿qué tal si vemos quiénes son los miembros de este elenco ansioso y sus «poderes»? Pasaremos de la lista de síntomas que vimos en el anterior capítulo a ponerles cara como si fueran personajes que encarnan las maneras más habituales en las que la ansiedad se activa y se hace notar.

Puede que te sientas identificada con una o varias de ellas.

La Pitonisa

La que todo lo ve y todo lo sabe (o al menos eso cree). Es tan buena en lo suyo que ni siquiera necesita una bola de cristal o tarot.

Poderes

- **Lee el futuro:** Cree saber lo que va a pasar antes de que suceda. Por lo general, augura el porvenir en clave catastrófica, ¡todo mal! Te da la información para que puedas prepararte y no te pille por sorpresa.
- **Adivinación:** No solo sabe lo que va a ocurrir, sino que también tiene el poder de averiguar qué pueden estar pensando otras personas sobre ti o incluso cómo se van a comportar.
- **Capacidad de detener el tiempo:** Puede tenerte tan preocupada por todo lo que puede pasar que te mantiene en un limbo de preocupación en el que el pasado presente y futuro se funden.
- **Presentimientos:** Sensación de que se avecina algo malo. Interpreta por todas partes señales cósmicas que tratan de avisarte sobre algo. «Últimamente hablan más de lo normal de enfermedades en la tele», «Solo oigo malas noticias…». Lo cierto es que los presentimientos no son más que **sesgos de confirmación**. Es decir, tendemos a fijar la atención en aquello en lo que mi cabeza está más ocupada. Si siempre estoy alerta porque temo que algo horrible pueda ocurrir, veré sufrimiento por todas partes.

La ansiedad es anticipación por definición, así que la pitonisa suele ser de las primeras partes que se activa. Es bastante reconocible: ahora te preocupan cosas que antes no y estás más en el futuro que en el presente. «¿Y si me sucede algo malo?», «¿Y si me quedo sin trabajo?», «¿Y si no vuelvo a estar bien nunca?», «Seguro que mi compañera piensa que soy una inútil.», «Presiento que algo va a salir mal, no sé qué, pero puedo intuirlo».

La Controladora

A la Controladora no se le escapa ni una, no se lo puede permitir.

Poderes

- **Organización:** Trata de no dejar nada al azar, comprueba al milímetro el espacio que estés ocupando. ¿Fluir? ¡¿Qué es eso?! Necesita saber cómo, cuándo, dónde, para qué y con quién. Tiene plan A, B, C y D, como mínimo.
- **Radar sensitivo ultraeficaz:** Multiplica la capacidad de los sentidos y es capaz de detectar hasta lo más mínimo. Puede parecer que está tan tranquila en un lugar, pero en realidad es superconsciente de todo: sonidos, imágenes, olores, temperatura... ¿Dónde está la salida? ¿Y el baño? ¿Llevo el móvil por si acaso?
- **Simulación:** Ya puede estar temblando, superpreocupada o muerta de miedo por dentro, pero ella hará un esfuerzo titánico para que desde fuera no se note. Es especialista en hacer como si no pasara nada y todo fuera a las mil maravillas, aunque se encuentre fatal.

- **Perfeccionismo:** Los errores no están bien vistos. Cuanto más correcto o cuidado sea todo, menos probabilidades hay de incurrir en el error o de dejarse vencer por el caos, así que se deja la piel para ser perfecta.

En algún momento, la controladora tomó consciencia de que el mundo era imprevisible, quizá lo aprendió a base de sufrimiento, así que ahora dedica un gran esfuerzo a sortear la incertidumbre. «No puedo permitirme fallar», «Si yo no me sostengo, no habrá nadie que pueda hacerlo por mí», «No se me puede escapar nada».

La Hipocondriaca

Se dedica en cuerpo y alma a vigilar al organismo a cada minuto. Está atenta a cualquier sensación que pueda ser señal de enfermedad o malestar.

Poderes

- **Escáner incansable:** Examen corporal automatizado. Da igual lo que estés haciendo, siempre habrá una parte de tu atención centrada en cualquier síntoma físico. ¿Dolor de cabeza? ¿Leve calambre en el estómago? ¿Cosquilleo en el pie? Nada le pasa desapercibido.
- **Alarma ultrapotente:** Por defecto, interpreta como peligrosa cualquier sensación corporal que puedas tener. Un pinchacito en el brazo izquierdo... «¿Y si me está dando un infarto?».

- **Superbúsqueda:** El doctor House es un aficionado a su lado. La hipocondriaca es especialista en investigar cualquier síntoma en internet con una habilidad excepcional para encontrar posibles causas catastróficas al malestar, de lo malo lo peor. Google, ChatGPT..., temblad.
- **Desconfianza:** Tiene tendencia a no fiarse de los profesionales de la salud. Que el médico te diga que está todo bien alivia, pero tan solo por unos minutos u horas; tras la consulta, la desconfianza no tardará en aparecer. «¿Y si en realidad sí que tengo algo, pero lo mío es tan raro que por eso no lo reconoce?», «¿Y si el doctor no me ha atendido bien y se le ha pasado algo por alto?».

La hipocondriaca trata de evitar a toda costa el probable sufrimiento por una enfermedad y actúa como una vigía cuidadora incansable. En realidad, es fruto de un intenso miedo a la muerte, a la vulnerabilidad o a la pérdida de control de una misma. ¿Puede haber una pérdida de control mayor que la desaparición de una misma tal y como nos conocemos?

La Chamana

Cree que, si centra su energía en hacer las cosas de cierto modo, podrá evitar lo peor. Es especialista en rituales de lo más variopintos. Desde el clásico saltar las líneas blancas del suelo mientras vas por la calle para mantener a salvo a tu familia hasta lavarse las manos de manera continua por miedo a enfermar.

Poderes

- **Añadir un toque dramático a lo cotidiano:** Convierte acciones cotidianas en protocolos mágicos de defensa. Lavarse las manos, encender y apagar luces, colocar los productos de baño de cierta manera, repetir determinadas frases (en alto o mentalmente)... «Debo lavarme las manos cinco veces para no enfermar», «Si repito la última palabra que me dice mi madre cada vez que tengo una conversación con ella, estará a salvo; si no, le sucederá algo terrible». Todo ello son rituales compulsivos que, como hemos visto antes, solemos asociar al TOC (pero recordemos: todos podemos tener compulsiones, pero no todo es TOC).
- **Hechizos de protección:** Como está convencida de que el peligro acecha, aunque no se aprecie a simple vista, crea fórmulas repetitivas para controlarlo todo. Eso sí, si no es capaz de llevarlo a cabo por alguna razón, se siente tremendamente culpable y le entra el temor ante lo que pueda suceder.
- **Superioridad moral:** No solo se encarga de sortear peligros físicos, sino también pensamientos cuestionables a nivel moral, como ideas de carácter sexual o violento, lo que le genera una sensación de culpa y se castiga por ello. «¿Y si sin querer le hago daño a alguien a quien quiero o a mí misma?», «¿Y si en realidad soy peligrosa y una mala persona?», «¿Y si me excito con algo que no debería?».

Como todos los personajes de la parte ansiosa, busca ser responsable y muy cuidadosa para evitar el sufrimiento y la incertidumbre a través de las conductas repetitivas. Como es consciente de que no puede controlarlo todo, propone sus propios ritos, los que cree que sí puede llevar a cabo con certeza y que le generan cierta sensación de control, aunque sea falsa. «Es probable que algún ser querido sufra un accidente fortuito, eso no puedo controlarlo, pero sí puedo inventar un remedio mágico, como repetir "Todo va a ir bien" cuatro veces todas las noches antes de dormir». Es consciente de que objetivamente no tiene un sentido lógico, pero, aun así, repetir patrones le aporta calma.

La Escapista

Es experta en el arte de la desconexión. Cuando el mundo se le hace bola y percibe que estar enlazada con el cuerpo es muy doloroso, se distancia de la realidad.

Poderes

- **Modo piloto automático nivel pro:** Habilidad para interactuar por inercia. Aunque no sepa muy bien lo que está haciendo, mantiene la apariencia de una persona funcional. ¿Sabes esos días en los que llega la noche y te cuesta recordar lo que has hecho durante la jornada? Has estado yendo de aquí para allá, hablado con gente, trabajado…, pero sin estar del todo conectada. En esos momentos está enchufado el piloto automático.
- **Desrealización:** Transforma lo que le rodea en una especie de ilusión, como si no fuera real y estuviera viviendo una película. Aun sabiendo que lo que percibe no es un espejismo, hace que aprecies todo lo que te rodea en-

vuelto en un sueño, cubierto por una fina capa de espejismo, y te hace pensar: «Parece que estoy en una serie o una peli».

- **Despersonalización:** Te «separa» de tu cuerpo, consigue que sientas una distancia entre este y el mundo, aquí la que no se percibe como real eres tú y no lo que te rodea. «Parece que estoy aquí, pero a la vez no», «No termino de percibir mi cuerpo, siento que estoy flotando».
- **Invisibilidad:** Se encarga de mantenerte a otras cosas, trata de que no interactúes con otras personas, es especialista en camuflaje y pasar desapercibida. «Estoy aquí en esta reunión con amigas, pero permanezco callada, voy a lo mío, miro el móvil o fijo la vista en el infinito. Estoy, pero no estoy, me río cuando el resto se ríe y de vez en cuando hago algún comentario, mantengo el "perfil bajo"».

La Escapista ha aprendido a separarse del cuerpo y de la mente cuando la emocionalidad se vuelve muy intensa y le resulta complicado sostener el sufrimiento de estar presente. Esta es su forma de cuidar de ti y de protegerte del dolor.

¿Qué papeles interpreta mi ansiedad?

Imagina que eres directora de casting y buscas el elenco del peliculón del año, que no será otro que: «Yo, yo misma y mi ansiedad». ¡Éxito asegurado!

La película está basada en ti, así que no hay mejor seleccionadora que tú misma. ¿Qué personajes entrarían a formar parte del reparto? ¿Cuáles tendrían más protagonismo? Vamos a darle forma trabajando en una tabla como la siguiente. Solo necesitas una hoja en blanco que tengas a mano o un cuaderno y un boli.

Vamos a ver, por ejemplo, cómo sería la Pitonisa.

Personaje	La Pitonisa
Nombre	Piti, sabedora de futuros
Intérprete	Me gustaría que la interpretara Emma Stone
Nivel de protagonismo	9 sobre 10, está presente casi todos los minutos del metraje
Descripción	. Lleva un turbante y un vestido colorido, es llamativa, parece que brilla. . Siempre está nerviosa y va a todas partes con su bola de cristal y sus runas prediciendo hechos catastróficos. . Tiene mucha seguridad en sí misma.
Frase/s estrella	. «¡Cuidado, se avecinan tiempos oscuros!». . «El futuro es incierto y peligroso». . «Todo lo que hiciste en el pasado pudiste hacerlo mejor».
Bosquejo	(dibujo)

Se podría decir que sí, la ansiedad tiene poderes. Pero, aunque parezca que están al servicio del caos por cómo nos puede llegar a hacer sentir, lo cierto es que su objetivo es encontrar el equilibrio del mundo interno y la regulación emocional.

Puede que te preguntes: «Vale, pero ¿por qué no lo hace de otra forma? La verdad es que esta no me gusta nada de nada». Tienes toda la razón, la intención puede ser buena, pero las formas… a veces pueden dejar que desear.

Seguiremos explorando nuestra ansiedad en los siguientes capítulos **y aprenderemos a redefinir esta relación tan intensa que tenemos con ella**. Podemos interactuar con ella **bajo nuestros propios límites y normas** y agradecer aquellos beneficios que nos brinda de serie la ansiedad, pero es necesario restablecer los parámetros **para que el vínculo sea más amable y compasivo**.

Porque, ya que tiene esos poderes tan maravillosos, mejor aprovecharlos a nuestro favor, ¿no?

6

LA ANSIEDAD AL RESCATE... DE NADA

Me resulta extraño. Antes no me pasaba, pero últimamente me angustio muchísimo incluso en situaciones cotidianas que hasta hace un tiempo me resultaban agradables momentos de desconexión y relajación. **Un pequeño remanso de paz en medio del ajetreo diario.**

Estoy en el cuarto de baño con todo preparado para darme una ducha, me quedo paralizada, inmóvil, sentada en el banquito de enfrente. ¿Cuánto tiempo llevo aquí observando el patrón hexagonal de los azulejos?

Me pregunto si esta no debería ser una situación agradable. De hecho, tiempo atrás era uno de mis momentos favoritos del día, pero llevo un tiempo que mi mente no me da tregua ni siquiera en este entorno relajante. Suspiro hondo tratando de liberarme de la frustración que esto me produce. ¡Allá vamos!

Mi parte ansiosa no tarda nada en desatarse ¿Cómo no? Pensaba que quizá, por esta vez, conseguiría mantenerla alejada. Sin embargo, parece que no tendré esa suerte.

—Ayer no contestaste aquel correo... —susurra, y mi respiración responde a la vocecilla acelerándose cada vez más—. Puede que no sea tan grave, pero... ¿Y si tu jefa piensa que no estás atendiendo a tus tareas? ¿Y si considera que es una falta de profesionalidad? Tienes que arreglar esto y responderle, ¡necesitas salir de aquí ya!

Mi angustia se intensifica enseguida y siento la urgencia de salir corriendo.

—¿Cómo vas a huir tan deprisa? Estás desnuda y empapada, básicamente estás atrapada.

Me apresuro todo lo que me permite el cuerpo tembloroso y escapo de la ducha en un tris. Creo que aún me queda algo de champú en el pelo, lo cierto es que ahora mismo me da igual.

Salgo, chorreando agua en el suelo. Apenas me envuelvo con una toalla y dejo una estela de agua tras de mí mientras camino descalza con el pelo goteando desde el cuarto de baño hasta el ordenador. Me apresuro a abrir el correo y no termino de soltar el aire que mantengo atrapado en los pulmones por la angustia hasta que le doy a la tecla para enviar el dichoso correo.

¿Alguna vez has sentido algo así sin entender muy bien por qué? Este tipo de situaciones son mucho más comunes de lo que podría parecer. Como ya hemos visto en capítulos anteriores, también son bastante habituales en otros espacios cotidianos como en la peluquería o incluso mientras te dan un masaje descontracturante que en teoría debería ser un momento muy zen. Bueno, y ya ni hablemos de lo que puede suponer unos minutitos en una sauna...

Esto sucede porque en estos contextos la calma puede percibirse como una sensación extraña, incluso como un espacio ideal para traer a la mente todo aquello que te preocupa rompiendo la paz del momento. Nuestra ansiedad lo percibe como peligroso y en ocasiones se ve «encerrada». ¿Cómo podría huir a medio corte de pelo o con la espalda llena de crema para masaje? El sistema experimenta como amenazante cualquier escenario del que crea que es difícil escapar.

Si has vivido este tipo de momentos angustiantes y eso te ha hecho sentir un bicho raro... Tranquila, no estás sola, son **reacciones comunes cuando se sufre ansiedad**.

A menudo, al hablar sobre estas vivencias en sesión con algunas de las personas a las que acompaño, me encuentro con que estas experiencias suelen venir de la mano de frustración e incluso vergüenza, «¿Cómo voy a angustiarme tanto incluso en situaciones tan cotidianas como darme una ducha?». Amiga, estoy de acuerdo, **que lo cotidiano se convierta en una batalla es agotador**.

Entender por qué sucede y darle una explicación lógica a aquello que te parecía una tontería es uno de los primeros pasos para afrontar la situación desde otra mirada más amable y compasiva. De hecho, cuando explico en sesión esto que acabo de compartir contigo, veo de manera clara el atisbo de alivio que se refleja en la persona, así que espero de corazón que tú también estés sintiendo algo de consuelo ahora mismo.

Tal y como ya hemos visto, no está de más hacer énfasis de nuevo en el verdadero objetivo de la ansiedad: protegernos, cuidarnos, salvaguardarnos y evitarnos un posible sufrimiento. Asimismo, sabemos que se lo toma muy pero que muy en serio. A veces tanto que incluso podemos no distinguir lo que estamos sintiendo exactamente. «¿Esto de verdad es una situación peligrosa o es ansiedad?», «¿Cómo era estar tranquila?», «¿Estoy nerviosa por la llamada que tengo que hacer o es la ansiedad la que me hace angustiarme por todo?».

Una de las grandes habilidades de la parte ansiosa es esconderse detrás de los síntomas. Así, fijamos nuestra atención en ellos en lugar de en la verdadera raíz, la ansiedad. No es que preocuparte por si tienes una enfermedad te haga sentir nerviosa (que también), sino que la ansiedad se manifiesta a través de esa preocupación.

En el transcurso de este capítulo **seguiremos buceando en el papel de esta parte** y exploraremos la diferencia entre los motivos o la raíz de la que puede partir la ansiedad de los disparadores o desencadenantes que la activan, la clásica gota que colma el vaso.

También hablaremos del curioso caso de «Me da ansiedad no tener ansiedad» o cómo el cuerpo a veces reacciona con alarma ante la calma.

¿Lista? ¡Vamos a ello!

Aquel que soportaba demasiado

Hablemos de Max. Es robusto, tiene muy buena planta, viene de una famosa familia reconocida en todo el mundo. Vivía tan pancho en su hogar, una tienda de muebles, esperando el momento de que alguien le escogiera para ir a su nueva morada y poder realizar el trabajo al que estaba destinado. Un buen día, Yaiza tuvo un flechazo con él y se lo llevó a la que sería su nueva residencia. «¡Qué ilusión! ¡Por fin voy a cumplir mi misión en la vida, guardar todo tipo de enseres en mi interior!», pensaba Max. En efecto, nuestro querido amigo es un armario.

Al principio todo iba bien. Yaiza lo colocó en un salón precioso, con grandes ventanales que aportaban luz al espacio, cuadros con motivos originales y una gran variedad de plantas. Sí, está claro que la chica tenía buen gusto.

Max empezó a trabajar pronto, primero fueron unas libretas algo gastadas bien colocadas en un extremo, más tarde llegaron unos libros. «¡OK, parece que me dedicaré a guardar papelería, me gusta!», dedujo.

Luego llegó la bolsa con disfraces de Halloween, las cajas de productos electrónicos y la lata de galletas que en realidad contenía de todo menos pastas horneadas. El espacio se iba reduciendo y Max estaba confundido... Aunque lo había oído alguna vez, tenía la esperanza de que eso no le sucediera a él, pero sí... Max se había convertido en un «armario para todo».

Como buen profesional que era, Max aceptó estoico su fortuna. Yaiza lo visitaba cada vez más y seguía añadiendo todo tipo de cosas: cables y cargadores, móviles antiguos, papeles arrugados, una funda de sofá, la caja de adornos de Navidad, kits de manualidades que empezaba... Pero la lista no terminaba ahí. Ya no había ningún orden, el espacio era asfixiante y Max solo acumulaba y acumulaba objetos diversos de los que Yaiza acababa olvidándose. En poco tiempo, se transformó en el contenedor del olvido.

Pero llegó un punto en que el armario ya no podía contener nada más, iba a explotar. De hecho, la chica tenía que forzar la puerta para poder cerrarla por lo abarrotado que estaba. **La situación era claramente insostenible.**

Un día, Yaiza abrió el armario para meter una pequeña cajita de regalo, era diminuta... Pero Max ya no tenía capacidad para ningún elemento más por diminuto que fuera, así que, entonces, el extraño tetris que albergaba escapó y se desparramó estrepitosamente por el suelo. **Todo aquello que Yaiza quería mantener en el olvido salió como disparado por un resorte.** ¿La culpa fue de la cajita diminuta? No, esta solo fue el **detonante** que liberó a lo que en realidad no le había prestado atención durante tanto tiempo.

Nuestra parte ansiosa funciona como ese armario en el que vamos acumulando poco a poco ciertas cosas que no nos resultan agradables o de las que nos queremos desprender, pero que no podemos eliminar sin más: **experiencias, pensamientos, recuerdos, ideas, emociones, sentimientos...**

Si tenemos la energía, el tiempo y la capacidad para mantenerlo ordenado, revisarlo de vez en cuando y recolocarlo donde toca, la parte ansiosa se mantendrá en equilibrio y cumplirá bien su función. Pero, si por alguna razón no disponemos de la capacidad de autorregulación suficiente, en algún momento estallará. Es insostenible, a nivel físico y emocional, resistir un peso tan grande durante mucho tiempo.

Lo que te ha llevado a que se desate la ansiedad no tiene por qué ser el choque tonto que tuviste con otro coche al aparcar, no, pero ese suceso sí puede ser **el desencadenante que abra la puerta a todo lo demás**. Como la cajita diminuta de Yaiza.

Descodificando a la ansiedad: motivos, desencadenantes y disparadores

En este apartado, vamos a empezar diferenciando entre varios conceptos básicos que nos permitirán entender mucho mejor a la ansiedad: los **motivos** o la raíz, el **desencadenante** y los **disparadores**.

Motivos o raíces

Es **la base sobre la que se estructura la ansiedad**. Lo que ha hecho posible que se construya y tome forma esa parte ansiosa que a veces coge las riendas de tus emociones. Es lo que hay de fondo. Por eso, la ansiedad suele ser acumulativa; quizá en el momento no tengas claro por qué ha aparecido, pero seguro que, si empiezas a rebuscar en «el armario» de tu mente, encontrarás recuerdos, miedos, experiencias o preocupaciones que podrían dar contenido para uno o varios pódcast.

Aquí cobra gran importancia nuestra propia historia. Desde pequeñas hasta el día de hoy.

- **Factores biológicos, genéticos y ambientales:** Hay estudios que demuestran que existe una base hereditaria. Por ejemplo, investigaciones con gemelos y familias han encontrado que la heredabilidad de los trastornos de ansiedad se sitúa entre el 30 y el 40 por ciento. Esto no quiere decir que la genética te haya condenado a tener ansiedad, solo que se ha demostrado que puede existir una cierta tendencia en algunas personas (como también puede haber predisposición a sufrir de diabetes, pero no tienes por qué desarrollarla).
- **El apego** o cómo hemos aprendido a relacionarnos y cómo nos han acompañado nuestras figuras de referencia cuando éramos niñas.
- **El entorno** en el que nos hemos construido como personas, formado por nuestra familia, colegio, amistades, barrio, contexto socioeconómico...

- Las **experiencias** que hemos vivido y **lo que hemos aprendido** gracias a ellas.
- **Nuestra forma exclusiva de procesar la información:** Por ejemplo, no todas las personas tenemos la misma sensibilidad ni reaccionamos igual en circunstancias similares.

Todo lo anterior nos hace maravillosamente complejas y alimenta nuestro mundo interno. Establece la forma de este y hace que nuestras partes, esas de las que hablábamos en el segundo capítulo, aparezcan dentro de nuestro yo como lo hacen. Desde ahí experimentamos la vida, sentimos, pensamos, deseamos, nos emocionamos, desarrollamos creencias sobre nosotras mismas y de lo que nos rodea…

Si rellenamos una mochila con todos estos elementos, ya tenemos un kit con el que cargamos mientras nos relacionamos con el mundo que nos rodea y con nosotras mismas. Lo siguiente sería sumarle las experiencias que vamos viviendo. Si se acumulan una gran cantidad de cargas emocionales que no pueden ser procesadas, el sistema puede responder activando a la parte ansiosa para que nos proteja y evite el sufrimiento.

Puede que todo esto te cuadre con tu historia de vida o quizá te estés preguntando por qué tienes tanta ansiedad si has crecido en un entorno de lo más amable, tranquilo o despreocupado. Pero **no tienes que haber pasado por experiencias traumáticas o que te hayan marcado profundamente para que se desarrolle la ansiedad**. De hecho, ¡lo cotidiano de por sí a veces ya es demasiado para muchas personas!

Existimos en una sociedad caótica, rápida, donde se premia la hiperproductividad y nos sentimos culpables por tomarnos un día libre. También es preciosa, dinámica, llena de vida, gente maravillosa, proyectos rompedores y mucho amor. Es bella y abrumadora y, en ella, a veces hacemos difícil lo fácil y hacemos sencillo lo complicado.

Pero, para disfrutar, debemos encontrar el equilibrio en este fantástico y asombroso caos.

Ezra y María son dos amigos de veintiocho años que sufren de ansiedad. Ezra tuvo una infancia feliz, estuvo rodeado de cariño y nunca experimentó ningún suceso traumático. Creció en un entorno donde se sentía seguro y amado. Es una persona de valores firmes, leal, con una tendencia especial a tenerlo todo bajo control, dice que es porque es virgo. Hace unos años que empezaron a concadenarse algunos acontecimientos importantes en su vida: se marchó a estudiar a una universidad fuera de su provincia, terminó la carrera y se topó de bruces con la vida adulta. En ese momento, además, su padre enfermó. La vida que siempre había llevado cambió a pasos agigantados. El mundo, que hasta el momento le había resultado un lugar seguro, de pronto ya no lo era tanto, incluso parecía haberse vuelto hostil. Fue entonces cuando un conflicto puntual en su trabajo activó la ansiedad que hasta entonces se había mantenido al margen.

Por su parte, María nació en un entorno no tan amable como el de Ezra. Sus padres se divorciaron cuando aún era muy pequeña, se trasladaba con su hermana menor de una casa a otra y no sentía ninguna como su hogar. Su padre casi nunca estaba presente y cuando estaba no le prestaba la atención que necesitaba, pues dedicaba la mayor parte del tiempo a trabajar y muy de vez en cuando compartían momentos de juego. Su madre solía ser muy amorosa, siempre la abrazaba y le decía que la quería, aun así, era inaccesible a nivel emocional. Si María tenía alguna preocupación, sentía que no podía contar con ella, dado que su respuesta solía ser del tipo: «No le des importancia, no puedes ponerte así por cualquier cosa». Al crecer, María hizo todo aquello que supuestamente debía hacer: estudiar, ser buena persona, amable, portarse bien, trabajar... Sin embargo, nunca se sentía del todo segura en ninguna parte, no tenía muy claro cuál era su lugar en el mundo. Le costaba relacionarse con sus emociones porque había aprendido que no eran importantes. María estaba acostumbrada a sentirse así, para ella era lo normal. Tras varios años de convivencia, su pareja rompió la relación y, en ese momento, la ansiedad (que ya formaba parte de ella por todas las experiencias y vivencias pasadas) la arrolló como una ola que llevaba largo tiempo esperando tras un muro.

Como hemos visto, ambos han tenido experiencias de vida diferentes y, aun así, al mismo tiempo comparten el honor de pertenecer al mismo club exclusivo de la ansiedad.

Tanto los desencadenantes como los disparadores pueden activar la ansiedad; sin embargo, la diferencia es que no actúan en el mismo momento ni de la misma manera. Digamos que sería como si **el desencadenante preparara la mecha y el disparador la encendiera**.

Desencadenante

El grano que faltaba para completar el kilo, la experiencia o acontecimientos que activan a la parte ansiosa **a medio o largo plazo**. Puede ser un evento concreto muy estresante, como quedarte encerrada en un ascensor largo rato, o una sucesión de varias circunstancias angustiantes o que te hayan generado estrés, como una mudanza, más un cambio de trabajo, más la pérdida de conexión con amistades de toda la vida... O de la forma que a veces me gusta llamarlo haciendo un guiño a los libros de Lemony Snicket: «Una serie de catastróficas desdichas».

Disparadores

Son los estímulos inmediatos que, sobre este terreno ya preparado, activan la sintomatología ansiosa **en ese instante**: alarmas que se disparan y te mantienen en alerta. Pueden ser espacios llenos de gente, sitios cerrados, el tono de una llamada o un mensaje inesperado, o incluso la sirena de una ambulancia.

Conocer los diferentes conceptos es fundamental para encontrar el sentido a lo que nos ocurre; si nos centramos solo en los desencadenantes y disparadores, nos perdemos lo principal, nos quedamos en la superficie. Es importante permitirnos profundizar para trabajar con aquellas partes de nuestro mundo interno que nos están pidiendo a gritos que las atendamos, más allá de la ansiedad.

EJERCICIO

Mi propio armario

Todas tenemos ese armario mental que funciona como un agujero negro emocional y que abrirlo nos genera temor o inquietud. Aquí tienes un armario abierto. Date unos minutitos, déjate llevar y rellénalo con todo lo que creas que contiene: palabras, colores, dibujos, símbolos, pegatinas... Lo que quieras, es tuyo y ¡todo vale!

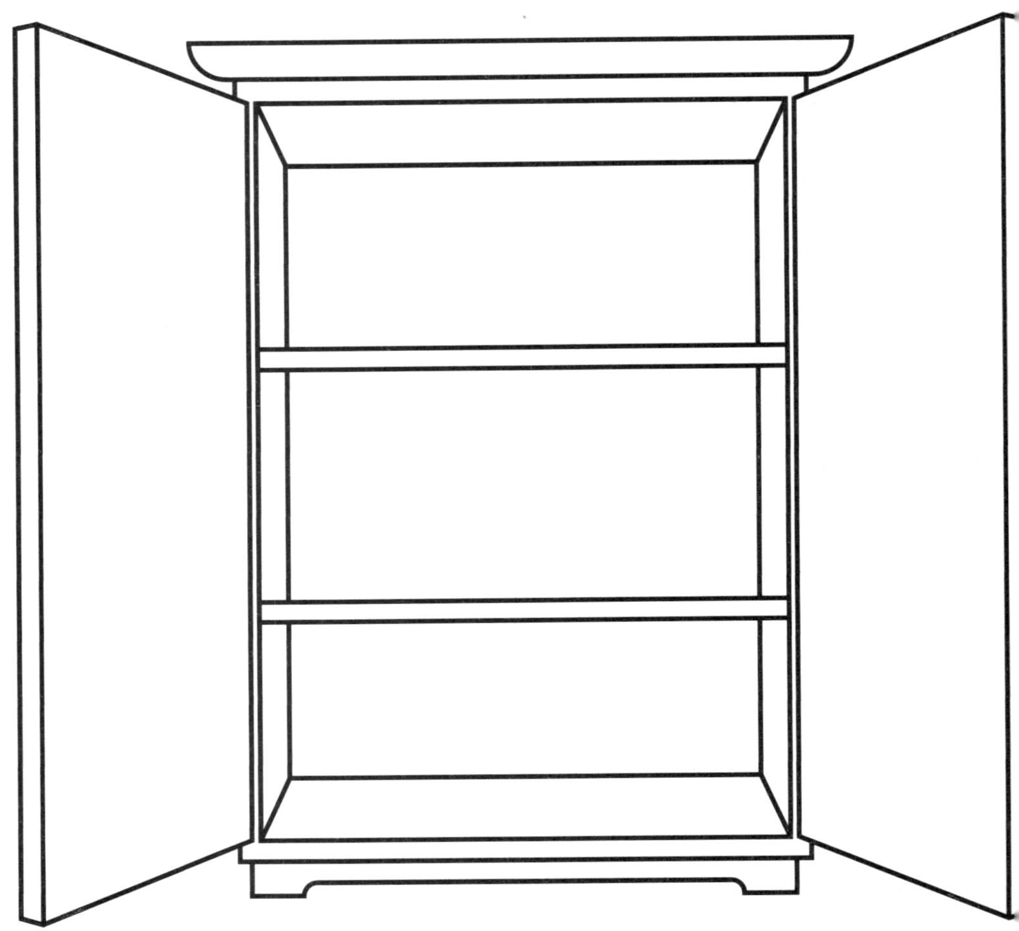

¡Buen trabajo!

Este ejercicio puede parecer muy sencillo, pero también es capaz de removerte un poco por dentro. Si es así, es completamente normal.

Si lo necesitas, tómate un respiro con mucho mimo. Y, sobre todo, agradécete a ti misma haberte permitido este espacio. ¡Gracias, yo!

Cuando la tranquilidad asusta

A veces la sensación de calma, lejos de tranquilizar, activa la señal de peligro y se produce una especie de efecto rebote.

Vamos a verlo con un pequeño ejemplo. Imagínate que estás en casa leyendo tan pancha en tu sofá favorito, con una montaña mullidita de cojines y mantas colocadas de manera estratégica para tu mayor comodidad. Le das sorbitos al café mientras averiguas el siguiente paso de la protagonista. Estás tranquila y, de repente, ves en la pared de enfrente una araña..., no muy pequeña precisamente. (Si eres aracnofóbica, puedes cambiarlo por otro bichito).

Digamos que no quieres acabar con la pobre arañita por mucho miedo que te dé, pero tampoco te ves capacitada para enfrentarte a ella, así que, como se mantiene inmóvil en el mismo lugar, piensas: «Venga, vale, querida araña, tú a lo tuyo y yo a lo mío, mientras que no te muevas de ahí vamos bien...».

Continuas con tu lectura con relativa calma y, cada poco, le echas un vistazo al bicho para comprobar que sigue ahí... Hay cierta tensión sosegada; sin embargo, no te impide proseguir con tu momentazo de lectura y manta.

Pasan los minutos, la hora... Te pierdes tanto en la lectura que te has olvidado de la nueva inquilina octópoda. Levantas la vista del libro y descubres que la araña ya no está ahí. ¡No puede ser! ¿Dónde se ha metido? Un cosquilleo cálido te recorre de la cabeza a los pies.

Mientras la tenías «controlada», te sentías más segura, pero ahora no ves dónde se ha metido y empiezas a sentirte cada vez más inquieta.

Sabes que sigue por ahí, en alguna parte, y que puede reaparecer en cualquier momento. Ese rato de calma se ha transformado en angustia, estás atenta y preparada para cuando la criatura emerja de nuevo.

Cuando convives durante tanto tiempo con la ansiedad sucede algo muy parecido: aprendes a tener momentos de calma, aunque en casi todo momento mantengas esa parte ansiosa flotando cerca.

Dejarnos acompañar por la ansiedad nos puede aportar cierta percepción de control. Por eso a veces parece que hay una parte de nosotras que no quiere desprenderse de ella. **No es que seamos masoquistas y queramos sufrir por gusto ni mucho menos**, todo lo contrario. Es para asegurarnos de que estamos preparadas para lo que sea y que no nos pille con la guardia baja. De nuevo, la habilidad para protegernos va cinco pasos por delante.

Del mismo modo, existe una base fisiológica profunda. **El sistema ya está entrenado para vivir en hiperalerta y, si este estado nos permite algo de calma, el cuerpo puede interpretar esa oferta de tranquilidad como una amenaza inesperada**, pues es algo externo a su zona de confort. En el momento en el que la ansiedad se cronifica, el cuerpo se acostumbra a esa nueva normalidad. Inquieta, diferente, alterada… Rebajar el nivel de angustia en algunos casos produce «sensación de vacío». En esos momentos acabamos preguntándonos: «¿Dónde está mi parte ansiosa?», y el espacio que deja libre de pronto es tan amplio que el organismo tiende a interpretarlo como un ataque, un robo.

En este contexto, si no rompemos el bucle, existe la posibilidad de que creemos una relación directa: alerta igual a seguridad. Mientras que calma puede significar vulnerabilidad o desprotección.

Como ves, esta paradoja puede llegar a ser normal. ¿Es extraño? Sí, pero al mismo tiempo, ahora que lo hemos entendido, tiene todo el sentido del mundo.

Reaprender a vivir sin estar angustiada 24/7 lleva tiempo. Reconocer desde la compasión contradicciones tan curiosas como esta es un gran paso del camino.

No pasa nada por sentir reparo ante la calma. Es solo que la parte ansiosa todavía está aprendiendo a soltar. Pero, tranquila, confiando en ti llegarás a darle esa calma que en el fondo buscas y mereces.

EJERCICIO

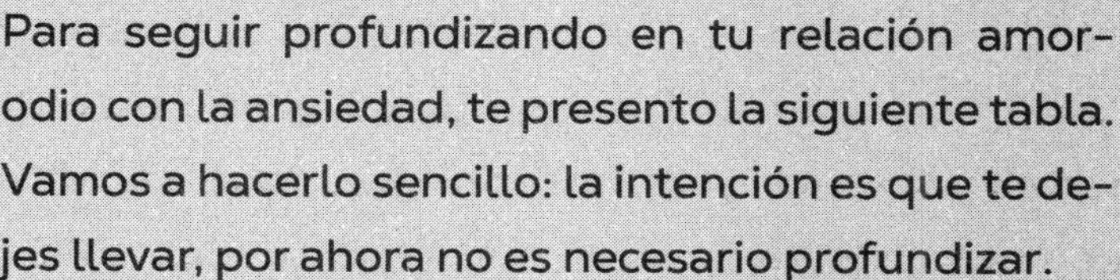

¿Qué me asusta en la calma?

Para seguir profundizando en tu relación amor-odio con la ansiedad, te presento la siguiente tabla. Vamos a hacerlo sencillo: la intención es que te dejes llevar, por ahora no es necesario profundizar.

En la primera columna, añade algún momento o situaciones que recuerdes en las cuales hayas experimentado ese miedo al haber perdido esa araña de vista. En la segunda, ahora que tienes más información sobre cómo funciona esta paradoja, intenta explicar brevemente qué crees entonces que pudo haber pasado:

Situación	¿Qué pudo suceder?
Estaba en la playa, recostada en la toalla tomando el sol tan tranquila cuando, de pronto, empecé a agobiarme y a pensar en la cantidad de trabajo que había dejado por hacer en manos de mis compañeras.	Fui consciente del silencio, de la tranquilidad y de lo relajado que estaba mi cuerpo. De repente, pensé que algo no cuadraba, que no era normal estar tan tranquila, que algo se me debía de estar pasando por alto. Me alarmé recordando el trabajo pendiente.

¿Qué te ha parecido el ejercicio? ¿Has descubierto algo de lo que hasta ahora no habías sido consciente? Si es así, ¡enhorabuena! Si no, ¡felicidades igualmente!

Como siempre, solo el dedicarte un ratito es motivo suficiente para ponerte una estrellita y darte las gracias a ti misma.

En el camino que nos queda por recorrer juntas a través de las siguientes páginas, continuaremos desgranando con curiosidad nuestra parte ansiosa. Ya sabes, el conocimiento es poder, y, amiga, **¿qué tal si dejamos asomarse a la parte sabia y poderosa que hay en ti?**

7

ESTO SE ESTÁ PONIENDO MUY INTENSO: CUANDO LA PARTE ANSIOSA CONQUISTA EL SISTEMA COMPLETO

Premio a la más trabajadora, a la mejor hija, a la más fit, a la que puede con todo, a la que no pide ayuda, a la maestra de la multitarea, a la más productiva, a la que mejor disimula su malestar, al mérito por ser la que más se aguanta las emociones...

Tengo una extensa ristra de trofeos colocados de manera cuidadosa en una preciosa vitrina en algún lugar de mi mente. No recuerdo cuándo empecé a competir para conseguirlos, pero ahí están... Hay otros, cómo no, resguardados en una caja bien escondida, como el premio a la que no puede más, a la más frustrada o el galardón honorífico a la ansiosa del año.

Lo cierto es que a veces ya no sé dónde empiezo yo y dónde acaba mi ansiedad. Siento que nos hemos fundido la una con la otra sin remedio. ¡Qué maravilla! (Nótese la ironía).

Así es mi vida ahora. Voy todo el día de aquí para allá, pendiente de mil cosas a la vez, resolviendo y organizando en todas partes, quehaceres diarios, casa, trabajo... Trato de controlar hasta el más mínimo detalle en situaciones tan cotidianas como pasar por la cafetería que hay en frente del trabajo a por mi café para llevar, repitiéndome mil veces en la cabeza lo que voy a decir para no hacer el ridículo.

Es curioso, pero la gente que me rodea me suele decir que admira mi capacidad para estar en todo, que tengo mucha energía... Yo suelo responder: «Ya, bueno, no es para tanto, solo hago lo que puedo». **¿La verdad? No es cierto.** Me cuesta lidiar con tanta carga. Por un lado, las tareas interminables que parece que surgen por generación espontánea. Por otro, sostener la losa de la preocupación constante ante cualquier cosa. Mi parte ansiosa va conmigo bien pegadita como una lapa, y estoy agotada.

Cuando termina la jornada y regreso a casa, al fin sucede algo extraño. Yo lo llamo «la desconexión». Noto como si mi mente y mi cuerpo se separaran. A veces podría decir que tengo la impresión de que floto, de verdad. **Es complicado de explicar, también es incómodo de sentir.** Me abruma experimentarlo, es como si mis emociones se hubieran marchado de vacaciones.

Me pierdo en el móvil saltando de una aplicación a otra, veo con mi pareja el siguiente episodio de la serie de turno sin apenas enterarme de nada. Las horas vuelan sin darme cuenta y, de repente, me encuentro repitiendo la misma dinámica del día anterior. «Otra jornada más», me digo a mí misma. «Tendré que seguir manteniendo mi récord olímpico y cosechando trofeos a los que ni siquiera era consciente que aspiraba».

¿Te resulta familiar algo de lo que acabas de leer? **Esta podría ser la descripción de un día cualquiera en una persona con ansiedad.** Se caracteriza por la impresión de vivir en una carrera continua contrarreloj mientras aguanta el peso de la preocupación constante por cada cosa que le rodea.

No es extraño que, a veces, cuando la parte ansiosa adquiere tanto protagonismo, nos perdamos de vista a nosotras mismas. Es como si la ansiedad se hubiera adueñado del resto de las partes de nuestro mundo interno, como si hubiera asumido el mando de nuestras decisiones y emociones de forma individual. Cuando esto sucede, una de las estrategias que tiene el sistema para afrontarlo es «desconectar»: lo que se siente en el cuerpo es tan desagradable que el cerebro puede protegerse tratando de separarse de él mismo. **Es decir, disociamos.**

En este capítulo, veremos con detenimiento **cómo llegamos hasta aquí, a esa situación en la que parece que todas nuestras partes se mimetizan con nuestra versión ansiosa**, que se adueña de nuestra identidad por completo. ¡Qué injusto! Toda la vida construyéndome a mí misma para que ahora me posea esta versión ultrapreocupada de mí misma. ¡No, gracias!

Además, profundizaremos aún más en la **disociación**, un mecanismo de defensa de nuestra mente que ya hemos visto en los capítulos 4 y 5. Como ya hemos observado, disociar es una de las estrategias estrella de nuestro sistema nervioso cuando se encuentra sobrepasado por la situación que está viviendo y llega a la conclusión de que, en ese momento, no posee la capacidad de sostenerla de manera consciente. Algo parecido a como cuando tenemos el móvil trabajando a tope, pero nos queda un 20 por ciento de batería, de modo que activamos el modo ahorro... El dispositivo, como nosotras, dejará de lado algunas de las funciones secundarias para centrarse en las prioritarias, las que considera básicas y necesarias en ese contexto. Sin embargo, al contrario que un móvil, que o lo conectas a la corriente o se acabará apagando, nosotras contamos con recursos para sostenernos y enfrentarnos a aquello que puede resultar abrumador dentro de nosotras.

Cuando la parte ansiosa conquista al resto

A lo largo de este libro, hemos visto que la ansiedad es solo una parte más de las muchas que componen nuestro mundo interno. No eres ansiosa, eres una persona que en este momento está conviviendo con la ansiedad. Por tanto, esa parte ansiosa sale a la superficie con mucha más frecuencia.

La Guardiana del Caos

En un reino donde el Caos solo podía existir si alguien lo sostenía, Agatha tuvo el inmenso honor de ser nombrada la Guardiana.

Agatha era una chica normal. Cuidaba de su huerto con mimo. Todos los martes acudía al mercado para vender frutas y verduras. Disfrutaba compartiendo tiempo con los demás habitantes, era conocida por su buen humor y amabilidad, decían de ella que nunca perdía la sonrisa. Soñaba con viajar algún día más allá de las murallas y con descubrir lugares diferentes. ¡La de experiencias que podría depararle el futuro!

Un buen día, en el camino de regreso a casa después de una jornada de trabajo en la aldea, sucedió algo que daría la vuelta a su mundo. La Mensajera del Caos estaba esperándola para darle la noticia: ella había sido la elegida, sería la nueva Guardiana.

Agatha no podía creerlo, ser la escogida para sostener el Caos era un gran reconocimiento. Entendía, por supuesto, que su vida cambiaría de manera radical, pero se sentía bendecida, especial, útil... Aunque sabía bien que tenía en las manos un gran poder que conllevaba una enorme responsabilidad.

Enseguida la noticia corrió por el pueblo: Agatha era la nueva Guardiana del Caos. Poco a poco, los habitantes peregrinaban a la cabaña de la nueva guardiana a mostrarle su agradecimiento y también le llevaban los fragmentos de Caos que hallaban esparcidos por el reino.

El Caos no era fácil de sostener, era fuerte, poderoso, desbordante, ardiente... La Guardiana debía custodiarlo en el cofre que lo albergaba. ¿Su misión? Asegurarse de mantenerlo a buen recaudo para que no escapara.

Al principio, Agatha creía que lo tenía todo bajo control. Podía permitirse salir, cuidar su huerto, dar un paseo... Siempre y cuando se asegurara de que el Caos se mantuviera en su lugar.

A medida que pasaba el tiempo, el Caos seguía creciendo, demandando cada vez más vigilancia. La Guardiana se vio obligada a dedicarle cada vez más atención y esfuerzo. Se fue volviendo más rígida con su deber; siempre estaba alerta, observaba sin descanso. Dejó de salir, de pasear, de hablar con otras personas... No podía permitírselo.

Pasaban los días, las semanas, los meses... Tanto tiempo que la gente dejó de llamarla por su nombre, nadie lo recordaba, ni tampoco ella misma. Solo sabía que era la Guardiana del Caos.

La Guardiana comenzó a experimentar lapsos, ya no recordaba quién era ni qué le gustaba. Su sonrisa y su mirada se fueron apagando. Tenía el cuerpo agotado por la falta de descanso, de pasar horas sin apartar la mirada del cofre que con tanto celo guardaba.

Se dice que cierta mañana, la Guardiana desapareció. El Caos se quedó allí, en su humilde cabaña, y ella se desvaneció sin más. Algunos dicen que el propio Caos la consumió. Pero los que de verdad conocen la historia completa saben que Agatha recordó su nombre y decidió salir en busca de esa chica que soñaba con recorrer el mundo.

La Guardiana del Caos es una metáfora que me gusta utilizar en consulta para **explicar lo que a veces sucede cuando la parte ansiosa toma el control y se convierte en la voz dominante**.

En nuestro mundo interno, la Guardiana representaría a la parte que sostiene la ansiedad (el Caos).

Al principio, dispone de la capacidad para regular la situación. Sin embargo, como va creciendo y manteniéndose cada vez más activa, termina por someter a todo el sistema. Hasta el punto en el que Agatha se mimetiza con la parte Guardiana (la ansiosa) y olvida quién fue en algún momento o cómo era su vida antes del Caos.

Ya no hay equilibrio, sino que la parte dominante toma el mando. Su intención es proteger y acaba arrastrando con ella a todas las demás partes: la que descansa, la que ríe, la que tiene sueños…

Como si un escape de humo ansioso se colara por las rendijas de las diversas habitaciones de tu mente. El humo no hará que el resto de las partes desaparezca; ahora bien, sí que puede adormecerlas un poco, hasta el punto de que la parte ansiosa decida tomar el control de la situación.

Cuando esto ocurre, es frecuente que en ocasiones se cree una especie de fusión entre la parte ansiosa y el resto de las partes que conforman nuestro yo. Así que es habitual hacernos preguntas como: «¿Cómo era estar en calma?», «¿Cuándo fue la última vez que no me preocupé por algo?»... ¿Te suenan?

Si te soy sincera, vivir con la parte ansiosa pilotando es desgastante, consume muchísima energía. Toda ella gira alrededor de la ansiedad y otras partes como la calma, el disfrute o la ilusión quedan silenciadas, así que nos puede resultar difícil acceder a ellas.

EJERCICIO

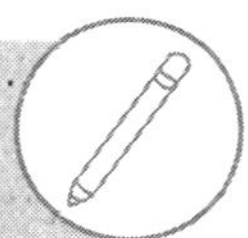

Tu Guardiana del Caos

1.ª parte:

Imagina cómo sería tu propia Guardiana:

- ¿Qué aspecto tendría? Ponle forma.
- ¿Es oscura, tiene colores? ¿Tiene alas, una capa? ¿Cómo va vestida?
- ¿Qué te transmite? ¿Parece fuerte o cansada?

A continuación tienes un espacio para aprovechar de nuevo tu creatividad. Recuerda que puedes expresarte como quieras, con un dibujo, palabras, colores, símbolos, texturas... Déjate sentir y dibuja a tu guardiana.

2.ª parte:

Y ahora... Vamos a imaginar algo diferente. ¿Qué pasaría si tu guardiana se tomara un día libre?

Es la mañana de tu día libre, suena el despertador y, tras posponer la alarma un par de veces y remolonear un poquito entre las sábanas, decides levantarte y empezar la jornada.

Estiras el cuerpo con un bostezo sonoro mientras te incorporas poco a poco. Estás sentada con los pies en el suelo cuando, de repente, te percatas de algo. ¿Qué es esta sensación? Miras a tu alrededor buscando el elemento que no cuadra... Analizas poco a poco la situación, respiras con calma y percibes el camino que sigue el oxígeno hasta tus pulmones, suave, sin dificultad... ¿Y la presión en el pecho? ¿Dónde está el nudo en el estómago?

¡Espera! De pronto caes en la cuenta. No es lo que hay, sino lo que ya no está. Estás tranquila, calmada... ¡Sin ansiedad!

Reparas en una nota que hay sobre la mesita y que no habías visto hasta ahora:

Querida amiga:

Supongo que te estarás preguntando qué está sucediendo. Sé que estamos muy unidas, que te estás esforzando mucho para cambiar nuestra relación, así que he decidido tomarme un pequeño descanso. Si te soy sincera, creo que te mereces al menos un día de respiro.

Con cariño.

Tu Guardiana del Caos

Reflexiona:

- ¿Cómo sentirías tu cuerpo?
- ¿Qué te apetecería hacer?
- ¿Querrías contárselo a alguien? ¿A quién? ¿Por qué?
- ¿Cómo empezarías el día? ¿Harías lo de siempre o algo diferente?
- ¿Qué parte o partes de ti aparecerían o se liberarían cuando la ansiedad se callara?
- ¿Cómo te verías a ti misma?
- ¿Qué mensaje le darías a tu yo futuro (ese yo en el que la ansiedad habrá vuelto de su tiempo libre)?

Con este ejercicio doble, has explorado dos caras de una misma moneda: por un lado, la guardiana sosteniendo y ocupando todo el espacio y, por otro, la posibilidad de que, aunque sea durante unas horas, se haga a un lado y deje espacio a otras partes de ti. El objetivo no es eliminar la ansiedad, sino separarnos de ella y recordarte que tu mundo interno es mucho más amplio y rico. E incluso las partes más dominantes pueden descansar de cuando en cuando.

¿Qué tal te has sentido? Es probable que haya resonado algo en ti, también puede que te sientas algo revuelta. Date el tiempo que necesites para seguir adelante con la lectura. Recuerda agradecerte a ti misma por permitirte estos pequeños momentos de autoconocimiento. ¡Es necesario ser muy valiente para conectar con la vulnerabilidad!

La disociación como respuesta

Quiero que volvamos a repasar juntas el concepto de disociación, ya que en este punto cobra más protagonismo.

La **disociación** es una reacción protectora del sistema nervioso, en ocasiones sucede cuando las emociones que estás sosteniendo son tan abrumadoras para la mente y el cuerpo que pareciera que este último se separara de sí mismo para evitar el sufrimiento. Es como si el cuerpo se «desconectara». Suele experimentarse con bastante incomodidad e incluso miedo.

Abarca un amplio espectro de experiencias, entre ellas la **desrealización**. Esta se da cuando lo que sucede a tu alrededor se percibe como distorsionado o parecido a un sueño, aunque seas consciente de que es real. «Parece que estoy viviendo en una película».

Por otra parte, también puede darse la **despersonalización**. Se manifiesta cuando te percibes fuera a nivel corporal, tienes dificultad para experimentar las sensaciones físicas y emocionales. «Es como si no estuviera conectada del todo a mi cuerpo, como si flotara».

En ocasiones, la disociación pasa de ser una reacción puntual a una nueva forma de estar en el mundo. Esto se produce cuando nuestro mundo interno no encuentra otro recurso de protección, pero precisa rebajar la intensidad de la ansiedad urgentemente.

Imaginemos a Lola, que lleva horas atrapada en su nuevo libro. De pronto, cae en la cuenta de que no se ha enterado de qué ha pasado en lo que lleva leído, aunque tampoco le sorprende mucho porque últimamente esa es la tónica general de sus días. Olvida partes de conversaciones que ha tenido durante la jornada, parece que vive en una especie de sueño y que va con el piloto automático. A veces sale con sus amigas, consigue estar presente y pasarlo bien, pero al llegar a casa se siente agotadísima, tiene la impresión de que ha corrido una maratón, puede necesitar varios días para recuperar fuerzas.

Lo que Lola experimenta es la disociación de la que hemos hablado. En su caso, se presenta como episodios de desrealización, es decir, la sensación de que lo que le rodea no es del todo real.

Estas experiencias no aparecen de la nada. Quizá la mente de Lola ha pasado **demasiado tiempo en alerta**, preocupada por varios cambios importantes que están aconteciendo en su vida. Ha comenzado una formación nueva que le exige dedicar mucho tiempo a parte del trabajo, echa de menos a una de sus mejores amigas que hace poco se fue a vivir a otra ciudad y, además, aún está lidiando con el duelo por el fallecimiento de su abuela Marisa, que era como una segunda madre para ella, aunque ya han pasado unos años desde que se fue. Su sistema nervioso se ha visto sobrecargado, por lo que ha buscado una vía de escape: la disociación.

La fina línea entre sentir todo y no sentir nada

Como ya hemos visto, la ansiedad es un estado de miedo y preocupación excesiva. Comprende una mezcla de emociones, pensamientos, sensaciones y reacciones hacia lo que nuestro cuerpo entiende como peligroso o incierto. Es una respuesta lógica y propia del organismo, nos activa para reaccionar. Así que todo se amplifica, el ritmo del corazón y la respiración, incluso los pensamientos y la sensibilidad.

En cuanto este estado de alerta pasa a ser constante, se torna insostenible. El sistema tiene un límite.

La hiperactivación mantenida durante largo tiempo, como le ocurre a Lola, hace que sea muy complicado tener espacio para otras partes como la seguridad, la tranquilidad, la calma... ¡Es excesivo! Demasiadas emociones, demasiado bucle de pensamientos... De modo que se activa ese mecanismo de defensa que ya conocemos tan bien: la disociación.

Es comparable a cuando tenemos funcionando a la vez varios electrodomésticos en casa: la lavadora, el horno, el lavavajillas, el termo, la plancha, el secador de pelo... La demanda de energía es desbordante, con lo que es muy probable que salte el diferencial de la luz y corte el flujo de electricidad para evitar que se produzca un cortocircuito. **La casa pasa de un funcionamiento total a un apagón completo.**

Lo mismo nos ocurre a nosotras. La curiosa paradoja de pasar de sentir de manera intensa, de estar desbordadas por las emociones, a la impresión de que no sentimos nada. ¿Adónde se han ido mis emociones? Siguen ahí, lo que se ha creado es una distancia protectora que limita el acceso a ellas.

La disociación y la despersonalización, por ejemplo, son formas extremas en las que puede mostrarse esa retirada protectora.

En términos neurofisiológicos, cuando el sistema nervioso entra en modo supervivencia, según la **teoría polivagal** de Stephen Porges, el organismo activa primero la rama simpática (acción y alerta), la respuesta de lucha o huida: el corazón se acelera, bombea más sangre... No obstante, si está activación se mantiene en el tiempo o se percibe como incontrolable (por ejemplo, cuando la ansiedad sobrepasa nuestros recursos), el cuerpo puede interpretar que no hay salida y recurre a la respuesta del sistema nervioso parasimpático (el encargado de volver a la calma). Lo que sucede es que, en lugar de recuperar la tranquilidad de manera progresiva, **recurre a «apagarse» de repente**, lo que provoca que el cuerpo se ralentice, se desconecte y pueda percibir entumecimiento físico y emocional.

Así, no es extraño experimentar que pasas de sentirlo todo a no sentir nada.

En realidad, es una señal bastante clara de que estás haciendo un gran esfuerzo por regularte y de que quizá debemos prestar más atención al modo en el que nuestro mundo interno nos está pidiendo ayuda a gritos.

Traduciendo lo que tu cuerpo te está diciendo: ya no podemos seguir así

Es probable que, tras haber leído estas páginas, te encuentres a ti misma representada de alguna manera en los puntos anteriores. Si es así, **quiere decir que tu cuerpo te está hablando**.

¡Este momento es valiosísimo! Significa que está habiendo una escucha más profunda, una reconexión con tu yo que te permite tomar conciencia de que quizá te vendría bien hacer algo diferente. Tu sistema no está en tu contra, todo lo contrario. Está de tu parte y te está pidiendo alivio, escucha, cambio, descanso.

El colapso, lejos de ser el final, es una oportunidad para permitirte mirar hacia dentro de otra forma, una más compasiva contigo misma.

En los siguientes capítulos, indagaremos en cómo redefinir nuestra relación con la ansiedad para decirle: «OK, te hemos visto, entendido. Te he dado espacio para que puedas decir lo que necesitas, pero ahora llega el momento de que yo misma retome el mando de mi mundo interno. **Porque en realidad tengo dentro de mí lo que buscas».**

Así que ahora vamos a buscarlo juntas.

8

QUERIDA ANSIEDAD: TENEMOS QUE HABLAR

Hay tareas domésticas que detesto con toda mi alma. Sin duda, fregar los platos es una de ellas. Creo que lo peor es dedicar un buen rato a algo que no me agrada y que, además, me proporciona bastante espacio para pensar.

Hay quien aprovecha estos momentos para practicar la atención plena: centrarse en el aquí y el ahora, sentir la temperatura del agua, el olor del jabón... A mí me parece imposible. Se me activa un pódcast mental con todo lo que me preocupa y todas las tareas pendientes. No obstante, tengo mis truquitos. Coloco el móvil en un lugar estratégico para ver una serie mientras me sumerjo entre platos, vasos, cubiertos y sartenes. Lo que sea con tal de distraerme de mi propia mente.

Y aquí estoy, dispuesta a empezar mi tarea como lavavajillas humana cuando me doy cuenta de que el móvil está apagado y sin batería... Parece que hoy no voy a tener la suerte de contar con entretenimiento.

Ha pasado tan solo un minuto cuando la ansiedad aprovecha la tesitura con la intención de hacerme compañía. Claro, se vale de que estoy casi atrapada en mi labor para dejar salir todas esas cosas que me inquietan.

«¿No te sientes rara hoy? Pareces mareada, ¿podría ser grave? Oye, ¿has revisado el correo electrónico? A ver si se te va a escapar algo importante del trabajo. Hace mucho calor aquí o ¿quizá hace frío? Sin duda estás pillando algo...». Trato de ignorar su discurso. Con suerte, se aburre y se calla, pero mi querida amiga no se caracteriza precisamente por eso. Al contrario, concadena pensamientos con una facilidad admirable.

Me encuentro a mí misma suspirando y sacudiendo la cabeza. «¿Recuerdas lo que le dijiste ayer a María? ¿Y si se lo tomó mal?». «Por cierto, dentro de dos meses se te acaba el contrato, ¿y si no te renuevan? A lo mejor no eres lo suficiente buena». No sé cuántas veces se ha dado esta escena: yo tratando de centrarme en una tarea y la ansiedad acribillándome con su monólogo. Paro, respiro hondo y decido que hasta aquí llego. No quiero seguir soportando está dinámica, siento que ya no puedo más con esto; ha llegado el momento de ponerle límites. Así que, con las manos aún llenas de jabón y el corazón cansado, le digo: «Ansiedad, ¡tenemos que hablar!».

¿Cómo crees que reaccionaría tu parte ansiosa si se viera confrontada de esa manera? ¿Cómo imaginas que podría continuar en el relato la conversación que van a tener?

Lo más probable es que, como poco, la ansiedad se sorprendería. Quizá no se espere un: «Hasta aquí hemos llegado», y, si

lo piensas, es normal. Como ya hemos ido viendo, tu ansiedad está haciendo su trabajo, aunque muchas veces lo haga sin medir el impacto emocional que puede tener en nosotras su forma de ayudar.

Pero ha llegado el momento de sentarnos a hablar desde un lugar diferente. A lo largo de estas páginas, nos hemos convertido en exploradoras de nosotras mismas, nos hemos acercado con curiosidad a lo que quizá no nos habíamos atrevido a mirar durante años, a nuestra parte ansiosa. Ahora la vemos con otros ojos, como si tuviera algo que enseñarnos, como una parte más de las tantas que componen nuestro mundo interno. Hemos empezado a descubrir por qué aparece, de qué forma, con qué intención, cuál es su sentido, su propósito o su misión.

Y lo hemos hecho desde la curiosidad y la amabilidad, tratando de comprenderla desde la compasión. Ya no la vemos como una enemiga, sino como una parte indispensable de nuestro sistema que, de forma progresiva, se ha ido adueñando de él.

Pues bien, desde este punto de inflexión, en adelante y junto a los próximos capítulos, **indagaremos en aquello que podemos hacer para cambiar y transformar esta dinámica**. Aprovecharemos los recursos que con seguridad ya tienes, y tal vez ni tú misma lo sabes todavía, e integraremos otros nuevos que nos ayudarán a avanzar con confianza. Vamos a darle voz a las demás partes de tu sistema: a tu parte creativa, a la que tiene un gran sentido del humor, a la que tiene capacidad de poner límites sanos... ¡Hay tantísimo por descubrir! Estoy segura que mucho más de lo que ahora mismo alcanzas a imaginar.

Cierra los ojos y hazte estas preguntas: ¿quién está al mando dentro de ti últimamente? ¿Te gustaría que fuera diferente? Si has respondido que sí a esto último, ¡sigamos adelante!

El *self* como líder del sistema

Ya introdujimos el concepto del *self* en el capítulo 2, ¿lo recuerdas? Pues en este punto vamos a profundizar aún más en él. Y es que es importante traerlo de vuelta, ya que **va a desempeñar un papel esencial de ahora en adelante**.

La noción del *self* ha sido abordada desde diferentes tradiciones filosóficas, espirituales y psicológicas. Por ejemplo, el budismo habla del *anatta* o el no-yo, un concepto similar que hace referencia al estado de conciencia compasiva libre del ego. También en el hinduismo nos encontramos con el *atman*, el yo verdadero conectado con la energía universal.

Desde la psicología humanista, autores como Carl Rogers o Maslow relacionan al *self* como el yo real, el auténtico.

En el modelo de sistema de familias interno (IFS), el psicólogo Richard Schwartz lo entiende **como el centro del sistema, de nuestro mundo interno, desde donde tiene el poder de ejercer un liderazgo amable y compasivo**.

Según este enfoque, todas las personas nacemos con un *self* que nos viene de serie, y este *self* o yo real no cambia, permanece inalterable. Sin embargo, puede verse eclipsado por el resto de las partes. Para que el *self* se manifieste con fuerza y serenidad, las partes que llevan la voz cantante de nuestro yo deben hacerse a un lado y equilibrarse para dejar espacio y poder acceder a él.

El *self* actúa como un líder nato: acompaña sin imponer ni juzgar, es curioso y empático. Aporta claridad, compasión y amabilidad. Dirige en medio del caos que a veces puede llegar a ser nuestro mundo interno.

Schwartz nos habla de **las ocho C**, ocho cualidades esenciales que caracterizan al *self* y su capacidad de liderazgo. Estas actúan como recursos internos sanadores:

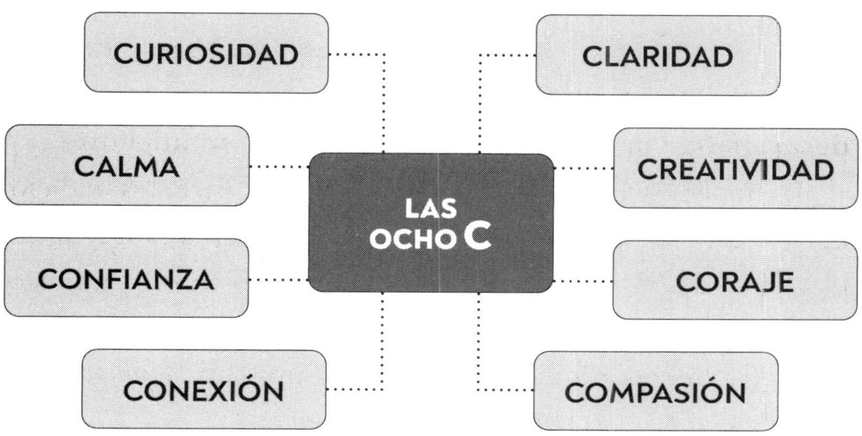

- **Curiosidad:** Para acercarnos a explorar nuestras partes con un interés genuino, sin juicios, dándole la bienvenida a la vulnerabilidad.
- **Calma:** Una presencia constante y estable, incluso en el caos actúa como un anclaje con nosotras mismas.
- **Confianza:** Valida, acompaña y da consuelo a las partes que sufren y se sienten más vulnerables. Permite que el sistema se relaje, que entienda que es normal y válido no estar bien.
- **Conexión:** Nos recuerda que no estamos separadas de nuestros mundos interno y externo. Conecta tanto con las partes como también con el contexto que nos rodea, es decir, las personas, la naturaleza...
- **Claridad:** Nos permite vernos de manera clara y compasiva, más allá de las preocupaciones, de la culpa o el miedo.

- **Creatividad:** Un recurso maravilloso y que poseemos más de lo que solemos pensar. Es la capacidad de imaginar, resolver y actuar con originalidad.
- **Coraje:** Valentía, fuerza... Se atreve a indagar en los rincones dolorosos de nuestro mundo interno con amabilidad y ternura, pero también deja claros los límites.
- **Compasión:** Empatiza con las partes que sufren, pero no desde el deber, sino desde la conexión profunda con su dolor o malestar.

De acuerdo con el IFS, todas las personas tenemos la capacidad de acceder a nuestro propio *self* y permitirnos sanar desde dentro con la ayuda de estas cualidades.

La premisa es que, cuando el *self* lidera, el sistema interno se organiza con sabiduría y compasión. Gracias a ello, podemos actuar más conectadas con nosotras mismas, con nuestra esencia, y dar espacio a las demás partes, también a aquellas que han vivido acalladas por la ansiedad.

Quizá pienses: «Pero, Erica, yo no tengo claro que tenga todas esas cualidades dentro de mí»... No te abrumes, amiga, y recuerda lo siguiente:

El *self* está siempre presente, aunque en ocasiones parezca no estar disponible, y tiene un sinfín de recursos para liderar el sistema interno.

Además de estas 8 C, Schwartz también identificó otras cualidades para describir cómo actúa el *self* en la práctica. Estas cualidades son visibles y **guían el proceso de sanación. Se trata de las 5 P**.

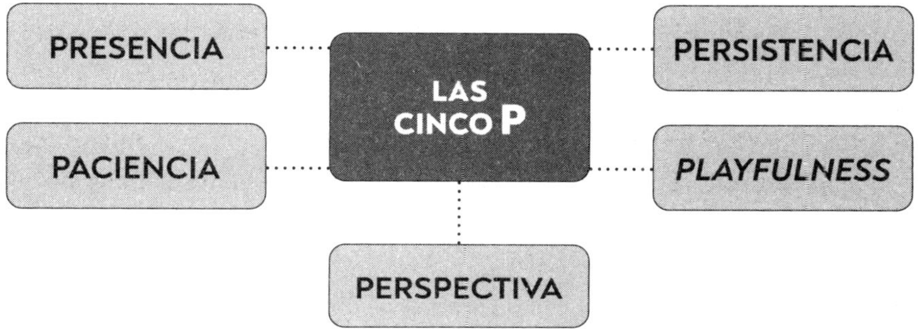

- **Presencia:** Ser consciente plenamente del momento presente sin que eso signifique reaccionar de manera automática, sino más bien observar. Como centrarte en tu respiración durante unos minutos para responder a un mensaje difícil desde la calma.
- **Paciencia:** Acompañar con calma los procesos internos, sin forzarnos ni presionarnos a sentirnos de una determinada manera: «Siento tristeza y quizá no me guste, pero la acompaño desde la tranquilidad, respetando mi ritmo, con paciencia...».
- **Perspectiva:** Expandir la mirada hacia una misma, entender que puede haber varias explicaciones o alternativas. De esta forma no nos centramos solo en una cosa, nos permitimos ver el panorama en un sentido más amplio. «Ahora me siento así porque estoy muy agobiada, pero la ansiedad no soy yo y sé que en un rato estaré mejor».

- **Persistencia:** Mantener un compromiso con nuestro propio proceso. «Aquí sigo, conmigo, aunque me resulte complicado estoy para mí, confío». Como volver a probar una práctica de relajación, aunque hace unos días no te funcionara.
- ***Playfulness*** (o en castellano: juego, sentido del humor, espontaneidad...): Aporta cierta ligereza, creatividad, suaviza cómo nos acompañamos y da también espacio a la curiosidad. Cómo hablar con soltura contigo misma en momentos agobiantes: «OK, ansiedad, vamos a hablar un rato tú y yo... Te estás poniendo un poco intensa, ¿no? A ver si te voy a llamar Intensita a partir de ahora. ¡Pues, mira, te pega!».

Las C son cualidades del *self* que emergen cuando accedemos a él; las P son la forma en que esas cualidades aparecen a medida que avanzamos en nuestro proceso de sanación.

Al conectar con el *self*, **podemos cambiar nuestra relación, no solo con nuestro mundo interno, sino también con todo nuestro entorno**. Para entender esto mejor, vamos a explorar juntas una metáfora que empleo en consulta.

El pódcast de mi mundo interno

Imagina que dentro de ti se está grabando un pódcast en directo en el cual participan todas las partes de tu mundo interno.

Hay partes que tienen la necesidad de tomar el protagonismo y hablar todo el rato. Otras se mantienen tranquilas y observadoras, participan solo cuando consideran que es su momento y también se encuentran las que tratan de pasar desapercibidas. Estas se esconden detrás de las demás por miedo a mostrarse, quizá porque no están listas para ser escuchadas.

El *self* es la presentadora del programa: organiza, modera, escucha paciente sin juzgar, no tapa a nadie..., al contrario, se preocupa por que cada una tenga voz cuando es su turno. **No silencia a nadie, pero guía la conversación con calma.**

Es una locutora curiosa, empática, tiene sentido del humor. Da la palabra con respeto genuino y reformula la pregunta con cariño si es necesario. De vez en cuando, es posible que alguna de las partes intente tomar protagonismo, que se deje llevar por el tema que están tratando porque se considera más experta que el resto. Entonces, la presentadora le da el espacio necesario, pero reconduce el hilo de la conversación si nota que alguna de las invitadas se desborda.

Mantiene el sentido del programa. Lidera, pero no desde el control, sino desde la presencia firme y serena. Atiende con calma, interviene con compasión y les recuerda a todas las invitadas que forman parte del mismo equipo.

Además, es creativa y original, tiene buenas ideas y se le da genial improvisar con soltura para que el pódcast no pierda el sentido (recordemos que, además, es en directo).

Supongamos que la parte ansiosa siente que tiene mucho que decir, que hay que escucharla con prioridad por encima de las demás, ya que lo que tiene que decir es muchísimo más relevante que lo que pueda aportar el resto en este momento. Llegado un punto, ni siquiera el *self* es capaz de mantener el equilibrio, pese a sus esfuerzos. La parte ansiosa interrumpe, habla mucho más alto que las demás e incluso le arrebata el micrófono al *self*. ¡Menudo espectáculo!

La parte ansiosa no detiene su discurso atropellado. Tampoco escucha ni permite que nadie más participe. Y así el *self* queda silenciado. No porque haya desaparecido, sigue ahí, delante del micrófono, intentando cambiar el rumbo de la situación, sino porque la ansiedad ha subido tanto el volumen de su micro que no se escucha nada más.

Incluso en estas circunstancias, el *self* sigue estando presente, esperando su turno, sin imponerse, tratando de sostener con calma a esta parte que toma el control.

Entonces ¿qué debería pasar para que el *self* retome el liderazgo? ¿Qué deberíamos hacer? Pues lograr que la parte desbordada se sienta vista, escuchada y acompañada al fin. La razón por la que eclipsa todo el rato al resto es porque **está pidiendo a gritos que la escuchen, tiene tanto que expresar...**

Cuando estemos listas para decirle: «Te escucho, te veo, no estás sola, no estás rota. Gracias por intentar protegerme durante todo este tiempo, pero ¿qué te parece si hacemos las cosas algo diferentes a partir de ahora? No es justo ni necesario que cargues tú con todo», puede que entonces se sienta segura para soltar el micro y bajar el volumen poco a poco. Y es en ese momento cuando podremos **explorar esas 8 C de nuestro *self* para enfrentarnos al malestar**.

¿Quién está al mando?

Es importante entrenarnos en **reconocer qué voz es la que nos está guiando en el día a día**. Cuando la ansiedad está hiperpresente, suele ser la que lleva el timón, aunque estratégicamente vaya disfrazada de sentido común, excesiva prudencia y alerta constante. Llegamos a creer que esa es nuestra voz auténtica y no somos conscientes de que es la parte ansiosa camuflada.

En este escenario en el que la ansiedad se adueña del sistema en ese afán de protegernos, la parte ansiosa no confía en que el *self* por sí mismo sea capaz de cargar con todo el peso del sistema. Ideas, emociones, sensaciones, recuerdos, sueños, miedos, anhelos... Lidiar con la vida en general es muchísimo trabajo.

Recuerdo con cariño una frase que decía a menudo mi abuela Magdalena: «Qué trabajito nos manda el Señor, levantarnos para volvernos a acostar». Cuando era pequeña, yo no lo entendía y le contestaba: «Claro, abuela, lo normal. Te levantas, pasas el día, descansas y vuelve otro día». No encontraba el motivo por el que pudiera ser un «trabajo» existir.

Con el tiempo fui encontrándole sentido a qué se refería y es que, en efecto, la vida no suele ser sencilla, es maravillosamente compleja. Como suelo decir a menudo a las personas que acompaño: ¡ya solo el hecho de existir es todo un triunfo!

Nos exponemos a todas horas a infinidad de situaciones, autorregularnos a nivel emocional y físico demanda una gran cantidad de energía. Como comentábamos en el capítulo 2, el contexto es también un elemento clave. Dónde y con quién hemos crecido, cómo nos han educado, las experiencias adquiridas... Todo ello nos construye.

En este escenario, nuestras vivencias (sobre todo en circunstancias de dolor, trauma, rechazo o desregulación emocional) hacen que las partes desarrollen estrategias para controlar, anticiparse a lo peor, bloquear emociones y evitar la vulnerabilidad.

La parte ansiosa es una gran protectora, por eso a veces está tan acostumbrada a llevar la carga emocional y, desde su experiencia, puede no sentirse preparada para soltarla.

Sin embargo, nuestra esencia, el *self*, sigue estando presente, como hemos visto.

Nuestra tarea será entonces crear espacio para escucharlo y reconectar con él.

Para ello vamos a recordarle a la ansiedad que contamos con recursos innatos para enfrentarnos a aquello que la desencadena, que no está sola. Ha llegado el momento de que nos siga protegiendo, pero desde otro punto, **uno mucho más equilibrado y en compañía del *self***.

En el siguiente recuadro, puedes ver de forma clara cómo podemos reconocer desde dónde nos estamos acompañando:

Si estás en el *self*, puede que sientas...

- **Curiosidad por lo que estás sintiendo, aunque no sea agradable.** Ánimo para acompañarte con creatividad («¿Por qué me siento así? ¿Qué necesito? Voy a observarlo mientras me tomo una tacita de chocolate, que sé que me hace sentir bien»).
- **Conexión con diversas emociones, no solo la que está más presente.** («Noto la ansiedad, pero también puedo conectar con la alegría o incluso la tranquilidad»).

- **Compasión hacia ti, sin juicios y con coraje para seguir adelante.** («Es duro, pero es normal encontrarme así, sostengo un sinfín de cosas y estoy agotada, confío en que estaré mejor»).
- **Claridad, puedes reconocer tus sentimientos con más claridad.** («Soy consciente de que en este momento pienso de esta manera tan negativa porque en realidad estoy triste»).
- **Confianza en ti misma y calma. Entiendes que tu sistema procesa las emociones lo mejor que puede hacerlo en este momento y que es necesario para gestionar el malestar.** («Confío en mi mundo interno, sabe lo que hace, estoy a salvo»).

Si te acompañas desde la parte ansiosa, puede que sientas...

- **Necesidad de evitar sentir** por todos los medios posibles lo que estás experimentado, no tienes ni energía ni capacidad para hacerle frente. («Me siento muy mal, no puedo más, voy a ponerme una serie o algo para no pensar en nada»).
- **La emoción te desborda y te cuesta ver más allá de lo que sientes.** Experimentas pensamientos en bucle, extremistas o catastróficos. («No puedo más, ¿y si me pasa algo malo? Seguro que va a ocurrir algo terrible»).
- **No eres compasiva contigo misma, te juzgas y te hablas con dureza.** («No puedo estar así, soy lo peor, siempre con lo mismo, ni yo misma me aguanto»).
- **Falta de claridad y espacio para reconocer lo que sientes o piensas.** («No sé qué me ocurre, no puedo casi ni pensar».)
- **No confías en ti misma**, te sientes insegura y te da la sensación de que te autosaboteas, no entiendes por qué tu cuerpo y tu mente reaccionan así. («No sé lo que estoy haciendo, me siento sola, creo que nunca conseguiré estar mejor»).

Un truco para saber desde dónde te estás acompañando es hacerte estas preguntas:

- ¿Me estoy explorando con curiosidad o tratando de controlarme?
- ¿Me estoy permitiendo sentir o trato de evitarlo y negar mis emociones?
- ¿Me estoy hablando con ternura o estoy siendo dura conmigo misma?
- ¿Estoy tratando de sostener lo que siento o estoy peleando contra ello?
- ¿Confío en mi capacidad, aunque lo que estoy experimentando sea desagradable, o me digo a mí misma que soy insegura?
- ¿Soy capaz de reconocer lo que siento o me veo desbordada por mis emociones?

Si la respuesta a la mayoría de las preguntas es la segunda opción, es muy probable que el *self* necesite algo de ayuda para recuperar espacio. Si, por el contrario, optaste mayoritariamente por la primera, ¡bravo! Parece que tu *self* está presente y con espacio de mando, sosteniendo con calma y ternura lo que ocurre dentro de ti.

Ya le hemos puesto nombre a esa parte ansiosa que eclipsa al resto y hemos sacado a la luz el *self*. Ahora toca tomar aire, mirarnos con amabilidad y recordarle a la ansiedad que no está sola. Tiene todo un mundo interno a su disposición y un apoyo para repartir esa carga.

La primera frontera

A veces tenemos la idea de que los límites son algo rígido o incluso agresivo, pero, tranquila, no tiene por qué ser así.

Los límites pueden ser también un recordatorio amable de que merecemos espacio, orden, decidir qué lugar ocupa cada parte de nosotras.

Estas barreras son una forma de cuidarnos, como si le dijéramos a la parte ansiosa: «Te veo, pero aquí ya no decides todo tú sola. Vamos a dejar que otras partes participen y que el *self* (nuestro yo profundo) retome el mando.»

Un hasta aquí desde la calma

Querida ansiedad:

Me siento extraña dirigiéndome a ti, pues desde que apareciste casi siempre has hablado por mí.

Me conoces tanto que a veces me asusta ser tan vulnerable. Durante mucho tiempo, creí que lo eras todo, me rechazaba a mí misma y dejé de escucharme.

Ocupaste casi todo el espacio.

No quería verte, sin embargo, aguantaste y has estado acompañándome cuando más perdida me sentía. Gracias por eso. Comprendo que tu intención siempre ha sido buena, aunque no lo entendiera y a veces me causara dolor.

Gritabas tanto... que me agoté. Hoy comprendo que solo tratabas de llamar mi atención, necesitabas que te viera. Ya lo he pillado, TE VEO, te reconozco, sé lo que tratas de hacer por mí.

Sin embargo, amiga mía, ¡estoy tan cansada! Me siento agotada y no quiero seguir así.

Me detengo a pensar y me doy cuenta de que he perdido otras partes de mí. Echo de menos la tranquilidad, la espontaneidad, disfrutar de algo tan simple como tomar un café con mis amigas sin estar atenta de hasta el último detalle de lo que me rodea... Me echo de menos a mí y sé que sigo aquí, así que deseo reencontrarme.

Entiendo que te he necesitado, aun cuando me haya empeñado en evitarte. Te quería conmigo y a la vez no podía soportarte.

Quiero decirte que estoy empezando a ver las cosas de un modo diferente. Puedo escucharte, pero no tienes por qué llevar tú el mando. Existen otras muchas partes, a algunas las echo muchísimo de menos y ellas también tienen mucho que aportar. Así que te aseguro que poseen la capacidad suficiente para compartir la carga que hasta ahora has llevado tú sola. Quiero reconectar conmigo, necesito aprender a decidir yo.

No te asustes, no quiero echarte. Eres imprescindible en mi vida, pero ha llegado el momento de revisar nuestra relación y negociar el espacio que vas a seguir ocupando, dónde están los límites.

Querida amiga, a partir de ahora no hará falta que tomes decisiones tú sola. Seguirás estando conmigo, pero no trabajando a toda máquina 24/7. Voy a ayudarte a recuperar tu cometido. Quizá puedas recordarme que respire cuando algo se tuerza o avisarme de algún peligro sin gritar.

Valoro de corazón tu esfuerzo. Me queda claro que eres una gran guerrera amazona, aunque desbordante. Lo has hecho bien, lo mejor que has sabido.

Ansiedad, ya no eres la única con voz aquí. Estoy empezando a escucharme a mí misma.

Aprecio todo lo que has hecho por mí. Pero ahora ¡tengo que empezar a llevar el timón!

Esta carta podría ser mía, quizá también tuya o de cualquiera que tenga una relación muy estrecha e intensa con su parte más ansiosa. Tal vez, como yo, tú también has contenido durante tiempo esa parte que lleva mucho tratando de protegernos a gritos. Pero tal vez, gracias al camino que hemos emprendido juntas, has empezado a percibir que hay una voz que suena diferente y que comienza a tomar forma. Busca hacerse escuchar, decir desde un lugar más sabio, cada vez más alto: «Ahora me toca a mí».

Para acompañarnos como merecemos y marcar esos límites que debemos comunicar a nuestra ansiedad debemos hablar con ella. Una manera muy efectiva de hacerlo es escribiéndole una carta. Pero esta carta es mucho más que un texto, es un acto simbólico, una forma de poner palabras desde el *self*. Es un punto de inflexión donde podamos empezar a marcar los límites con mayor claridad y teniendo a nuestro alcance todas las cualidades que nos ofrece nuestra esencia.

Sabemos que la idea no es eliminar la ansiedad ni borrarla del mapa, pues ese no sería un objetivo realista, ni mucho menos sano. Igual que no trataríamos de deshacernos de la alegría o el amor.

Todas las partes y emociones que nos habitan cumplen una función valiosa y tienen su razón de ser.

Poco a poco, al sentirse vista y escuchada, podemos pasar del caos interno a la regulación emocional compartiendo el liderazgo con el *self*. Amiga, ¡estás aquí! Tras ese manto que la ansiedad dejó, sigues ahí, te lo garantizo.

EJERCICIO

¿Qué te gustaría decirle a tu ansiedad?

AVISO: Antes de nada, quiero decirte que no tienes por qué hacer el ejercicio en este preciso momento. Quizá aún no te sientas preparada, no importa. Respetar tus tiempos sin presión es lo principal. Hazlo solo si te apetece y te sientes cómoda con ello, pues esta actividad seguirá aquí para cuando decidas retomarla. Y, si no llega ese momento, también estará bien. Confía en ti misma y en que estás haciéndolo lo mejor que puedes en este momento.

Ahora que nos hemos ido adentrando en el significado de poner límites, te propongo que escribas tu propia carta a la ansiedad.

En esta ocasión, el objetivo es marcar las fronteras, dejarle claro cuándo aceptas su ayuda y en qué momentos no será necesario. No tiene que ser perfecta, basta con que sea sincera.

Para inspirarte, puedes completar estas frases:

- Querida ansiedad: Reconozco que me ayudas cuando...
- Te agradezco que me avises si notas que...
- Pero necesito que no aparezcas cuando...
- Quiero que a partir de ahora me hables de esta manera (tranquila, amable, sin gritos...)
- De aquí en adelante, tu papel será...
- Al final de la carta, puedes añadir una frase que resuma tu nuevo acuerdo con ella.

Querida ansiedad:

Permítete un tiempo para reflexionar con calma. Respira a tu ritmo. ¿Qué tal te has sentido? ¿Cómo notas el cuerpo? ¿Percibes la ansiedad en alguna zona? Si es así, déjala estar. Pon las manos sobre esa área y trasládale lo siguiente: «Ahora yo también hablo y necesito que me escuches».

Puede que te sientas un poco rara, es normal, pues no es sencillo hablar directamente con una parte que duele tanto. Date las gracias por dar este paso. De corazón te digo que sé lo complicado que resulta y me encantaría que entendieras lo importante que es lo que acabas de hacer. Puedes sentirte orgullosa de ti misma. Abrirnos a la vulnerabilidad requiere muchísima más valentía que cerrar las puertas al dolor.

Abriendo espacio a lo demás

Como hemos visto al inicio de este capítulo, **tienes una amplia variedad de recursos a tu disposición**. Los llevas contigo, vienen de serie, y seguramente has recurrido a ellos más de lo que imaginas en los momentos que lo has necesitado. Lo que sucede es que quizá no hayas sido consciente del gran valor que tienen y de la sabiduría de utilizarlos cuando así lo has visto oportuno. Por ejemplo, un día de mucho agobio y malestar en el que decidiste llamar a una amiga para desahogarte y hablar un rato... En apariencia, puede ser algo cotidiano sin importancia, pero en realidad estabas haciendo uso de un valiosísimo recurso: la búsqueda de apoyo y conexión.

Dispones de grandes tesoros como creatividad, humor, ternura, calma, paciencia, cariño, motivación, alegría, sueños, confianza, esperanza, coraje…

Hasta ahora estas joyas tal vez hayan estado esperando pacientemente en algún rincón profundo de tu interior.

Pero ¿sabes qué? Buenas noticias, **¡vamos a reencontrarnos con ellas!** Serán las guías que nos acompañarán hacia un estado de seguridad y equilibrio interno. Nos esperan en el próximo capítulo.

9

RECALCULANDO RUTA

El día que me di cuenta de que necesitaba recalcular la ruta no fue épico. No comenzó a sonar una música digna de una banda sonora legendaria, no estallaron fuegos artificiales. Ni siquiera hubo confeti.

Fue un día cualquiera, un miércoles por la mañana. Lo sé porque recuerdo estar ultimando los detalles de una presentación importante que tenía al día siguiente. Allí estaba yo, con el portátil abierto, el café frío que había olvidado tomarme y la mirada perdida en la pantalla.

Como de costumbre, trataba de concentrarme en el trabajo mientras intentaba mantener la calma e ignorar las veinte voces de mi cabeza: «Tienes que...», «¿Has hecho...?», «¿Y si...?».

No estaba sucediendo nada especialmente alarmante. De hecho, quizá eso era lo peor. La sensación de angustia, preocupación y nervios se mantenía de manera tan constante que para mí ese era el estado basal normal. Ni me planteaba que hubiera una manera alternativa de pasar el día que no fuera con nerviosismo.

Fue entonces cuando, de repente, algo hizo clic. Puede que fuera por el mensaje que me llegó de una amiga en ese momento con un simple: «¿Estás bien?». Me pilló tan desprevenida que me quedé paralizada leyendo una y otra vez esas dos palabras: «¿Estás bien?». Y pensé: «No, claro que no, ¡por supuesto que no estoy bien!». Por un momento, la claridad de esa afirmación me arrolló como una ola de certeza. Apagué el portátil, silencié el móvil.

No hice nada heroico. Me escuché a mí misma suspirar hondo. No me había percatado de lo que necesitaba soltar ese aire de los pulmones. Me senté en el suelo, como si el peso de lo que acababa de vislumbrar me obligara a pisar tierra.

Tan solo paré y en esa pausa me di cuenta de que no podía seguir funcionando así.

Que la ansiedad no podía continuar decidiendo por mí. Ya era consciente de que había llegado al límite. No sabía cómo lo hacía, pero lograba colarse una y otra vez por cualquier hueco que conseguía encontrar.

Ese fue el principio. No del final de la ansiedad. Pero sí de comenzar no solo a coger el volante, sino a recalcular la ruta a mi manera. Algo torpe, con centenares de dudas y miedos, también con esperanza y certeza de que era posible. De que tenía recursos y auténticas ganas de utilizarlos.

En este capítulo abordaremos esta cuestión. Sobre cómo, incluso dentro del caos, aunque sintamos que ya no podemos más, hay partes dentro de nosotras que pueden sostenernos y ayudarnos a encontrar el camino de vuelta a la calma que merecemos. Que tienen el conocimiento, las habilidades y los recursos para comenzar a recolocar desde otro lugar si les damos la oportunidad de recalcular la ruta. ¡Vamos a ello!

¿Qué significa recalcular la ruta?

Casi todas nos hemos desorientado o perdido alguna vez cuando estamos viajando, tomamos un camino equivocado, no conocemos bien las calles... Abres la aplicación de tu GPS de confianza en el móvil e introduces el lugar al que quieres llegar para comenzar tu camino.

Es entonces cuando escuchas una voz familiar: «Dirígete al suroeste en calle Mercurio y continúa cien metros...». En ese momento, tratas de situarte en el mapa y sigues diligente las indicaciones que te guiarán hacia tu destino.

Por lo general, suelen resultar sencillas, pero en ocasiones se puede convertir en misión imposible. Tráfico, pérdida de cobertura, un giro equivocado, calles cortadas, cambios de sentido por obras... **¿Y ahora qué?**

Si además le sumamos algo de prisa, quizá nos veamos embargadas por la frustración y la desesperación sin saber qué hacer. Te encuentras dando vueltas y vueltas mientras el GPS repite una y otra vez «Recalculando la ruta», y así, en medio del aturdimiento, no logras seguir las instrucciones de las nuevas indicaciones.

Al final, desorientada y mareada, no consigues llegar adonde quieres.

Si continuamos en ese bucle caótico, la tarea se vuelve complicadísima. Sin embargo, si paras el coche un momento, respiras, buscas la calma y vuelves a analizar el mapa desde un lugar más sereno, entonces puede que veas el plano con una nueva claridad. Puedes revisar las diferentes alternativas que se presentan ante ti y hacer los cambios necesarios que te ayudarán a lograr llegar a tu meta. Quizá debas cambiar de carretera o a lo mejor coger un atajo o un camino algo más largo del que tenías previsto, pero sabes que, sea como sea, conseguirás tu objetivo.

Cuando hablamos sobre recalcular la ruta con nuestra parte ansiosa, no se trata solo de marcar un nuevo camino, pues de poco sirve señalar un destino si no sabemos o no somos capaces de llegar a él. **Recalcular significa parar, revisar con calma, aclarar la mente y reflexionar** para así poder centrarnos desde un enfoque diferente, más amable, realista y compasivo que nos permita llegar a nuestro destino.

La ternura como estrategia de regulación

«Con ternura» son dos palabras que me acompañan grabadas con tinta en la piel, justo en el dorso de mi muñeca derecha, desde hace años. Es un mantra que me ha ayudado a no olvidar la importancia de acompañarme desde ahí.

Mi psicóloga de cabecera (como a mí me gusta llamarla por los años que hemos trabajado juntas), Abdona Domínguez, se cercioró de que me calara el mensaje, que no quedara en la superficie. «Acompáñate desde la ternura, Erica, no desde la obligación y la culpa...», me recordaba con frecuencia.

Solemos tener la mala costumbre de hablarnos a nosotras mismas desde el juicio, la urgencia, el control... Amiga, si lo piensas, ¡hay que ver lo tiranas que podemos llegar a ser en el autodiálogo! «Tienes que...», «Deberías...», «Podrías...», «No es suficiente...» y un largo etcétera de órdenes que muchas veces olvidan tu situación y dejan fuera la empatía. Como si estuviéramos obligadas a ser y estar de una manera concreta y, además, no tuviéramos derecho a quejarnos o no estar de acuerdo ni expresar nuestras quejas. ¡Demasiada presión!

Quizá sea producto del ritmo frenético en el que solemos vivir, tal vez consecuencia de un mundo que por sistema nos presiona para ser productivas y en el que, de alguna manera, hemos normalizado que nuestras emociones, deseos, necesidades y aspiraciones queden relegados a un segundo plano. Comoquiera que sea, es habitual acompañarnos por defecto desde el juicio y no desde la amabilidad, la curiosidad, la ternura...

¿La buena noticia? Que el primer paso es darse cuenta de este detalle y estamos precisamente en ese punto, tomando conciencia juntas.

Lo cierto es que solo el hecho de «reconocerlo» es en sí mismo un acto de ternura.

La ternura surge de la compasión del *self* (ese yo real y profundo que ya conocemos) y es mucho más que un recurso, es una dirección hacia la que apuntar en el trabajo interno.

Redirigir cómo nos acompañamos a nosotras mismas hacia y desde la ternura ayuda a darnos ese mimo que tanto necesitamos cuando lidiamos con la ansiedad. Es curioso que solamos ser conscientes de lo importante que es sentir el cuidado de los demás, pero se nos puede olvidar autosostenernos con amor. Como suelo decir en las sesiones, la única persona que con toda seguridad va a estar siempre, cada segundo de cada minuto de cada hora de tu vida contigo, eres tú. Así que vamos a intentar llevarnos lo mejor posible con nosotras mismas.

Para activar la ternura, también necesitaremos echar mano de otras cualidades intrínsecas de nuestro yo interno, como **la curiosidad**. Podemos acercarnos a nuestra parte ansiosa y preguntarle: «¿Qué ocurre? ¿Qué necesitas? ¿Qué temes que pueda suceder y cómo puedo ayudarte?». Así, en lugar de silenciarla, la escuchamos con una actitud tierna, como lo haríamos con una niña asustada que tiene miedo de la oscuridad y a la que nosotras, como adultas con recursos, podemos ayudar a sobreponerse.

Desde la perspectiva del IFS, no buscamos «arreglar» nuestra parte ansiosa, sino estar con ella sin prisa, para que vuelva a confiar a su ritmo en que tiene todo lo que necesita para hacer frente al malestar a su abasto. Muchas veces solo el hecho de mantenernos ahí observando sin juicio permite que esta parte comience a relajarse poco a poco y pueda acceder a la tranquilidad que necesita.

Es probable que la ansiedad haya aprendido a «hacerse la dura», a ser todopoderosa y exigente consigo misma, ya que en ese afán de proteger surge la amazona fuerte que puede con todo. Una manera de regularla desde la ternura es hacerle saber que la vemos con compasión radical, que la aceptamos con todo lo que trae. A veces esto implica permitirnos llorar con ella, rabiar, reír…

Utilizar la ternura y la compasión con nuestra ansiedad es no luchar contra ella ni castigarla, sino relacionarnos con ella desde el cuidado que merece.

Veamos con varios ejemplos cómo podemos cambiar esto a través del diálogo interno:

Desde el juicio y el castigo	Mejor con ternura
«¡Otra vez lo has hecho mal!».	«Lo estás haciendo de la mejor manera que puedes ahora mismo».
«Todo te da miedo, eres débil».	«Es normal estar asustada. Está bien mostrarte vulnerable, mereces cuidado».
«¡Qué desastre! Ni si quiera puedes hacer algo tan normal como ir a un concierto».	«Sé que te gustaría disfrutar de planes con tus amigas, pero que ahora mismo se te esté haciendo complicado no quiere decir que siempre vaya a ser así. Respeta tus ritmos».
«¿Quién va a aguantar a una persona que siempre está ansiosa? Eres insoportable».	«Tienes derecho a sentirte así, la ansiedad no te hace menos merecedora de amor. Las personas que te quieren están contigo y ahí seguirán estando».

EJERCICIO

Continua la tabla con otras frases que te vengan a la mente. Piensa en esas que sueles repetirte. Date unos minutos para pensarlo, pues a veces las tenemos tan interiorizadas que nos puede costar tomar conciencia de las cosas tan duras que podemos llegar a decirnos.

Desde el juicio y el castigo	Mejor con ternura

¿Qué tal te has sentido revisando tu lenguaje interno? Quizá hayas caído en la cuenta de que te hablabas con más dureza de la que pensabas. Si es así, te invito a conjurar a la ternura más a menudo. No es fácil, cambiar toda una dinámica de comunicación lleva su tiempo, así que no desesperes. Confía en tu ritmo y en tu propio proceso.

Creatividad para transformar y humor para aligerar la carga

La ansiedad a menudo nos vuelve rígidas, cuadriculadas, inflexibles... ¡Claro, hay tanto que controlar! Sin embargo, **la creatividad y el humor flexibilizan y abren espacios internos**.

Estas cualidades ya forman parte de nuestra esencia (recordemos que la creatividad se encuentra entre las 8 C y el humor y el juego están como *playfulness* entre las 5 P del *self*). Es decir, estos rasgos no se fabrican o adquieren, sino que siempre están ahí, dentro de ti, listos para reemerger de manera espontánea cuando las partes se relajan un poco y ceden espacio al *self*.

Es como cuando estás paseando con el perro por la calle. Estás tan concentrada en la lista interminable de quehaceres pendientes, sin quitar la vista del suelo, cuando de repente, sin saber por qué, alzas la mirada y tomas consciencia del extraordinario espectáculo de colores, contrastes y matices luminosos que está teniendo lugar en el cielo. Estás ante uno de esos atardeceres de verano teñido por deslumbrantes tonalidades de rosas, naranjas y violetas. **Esta escena estaba contigo todo el tiempo, solo que no te habías permitido elevar la mirada.** Lo mismo ocurre con nuestros recursos emocionales: están ahí, solo que a veces tenemos que parar, respirar y alzar la vista para descubrirlos.

Creatividad

Como dice el productor musical Rick Rubin en su libro, *El acto de crear: una manera de ser,* somos antenas del pensamiento creativo. Para captar la señal, a veces lo que necesitamos es «crear un espacio despejado que permite su entrada. Un espacio tan distinto del estado sobresaturado en el que viven nuestras mentes que funciona como un vacío capaz de absorber las ideas que el universo pone a nuestra disposición». Es decir, a la creatividad le resulta más fácil abrirse paso cuando tenemos más espacio mental disponible para ella.

A veces relacionamos la creatividad con la parte artística. Quienes crean arte, expresan su creatividad a través de pinturas, letras, música, arquitectura, baile... Exploran emociones y experiencias, les dan forma para comunicar lo que nos desean transmitir a través de sus creaciones. Pero no es necesario pintar como Da Vinci para ser creativas. Cuando observamos nuestro mundo interno desde la creatividad, nos convertimos en exploradoras, experimentamos, probamos nuevas formas de expresión... **Somos nuestras propias artistas internas.**

Desde la creatividad, podemos encontrar nuevas maneras de conectar y manejar lo que nos causa sufrimiento.

Además, ¿sabías que ya utilizas la creatividad de manera constante incluso en los detalles más mínimos y cotidianos? Tu mente está creando sin cesar, sin que te des cuenta, cada vez que tienes una idea, una experiencia, una emoción, que tomas una decisión, que recuerdas algo… Desde el IFS, tu creatividad es tu capacidad de generar o reconocer aquello que puede ayudarte a aliviar el malestar.

Aquí van algunos ejemplos en los que **haces uso de tu creatividad**, aunque no sea tu intención ser creativa.

- Cuando eliges qué película o serie ves esta noche.
- Cuando decides qué camino tomar para ir al trabajo, ¿voy por la autovía o me desvío por otro camino con vistas más agradables hoy que voy bien de tiempo?
- Cuando experimentas con una receta de cocina y te quedan unos espaguetis muy ricos, por sorprendente que pueda parecer.
- Cuando te surge un imprevisto de última hora y tienes que encontrar una alternativa para seguir con el plan. «¡Se me ha hecho tarde y he perdido el bus! Voy a esperar al próximo y avisar a mis amigas de que me retrasaré un poco».
- Cuando programas actividades para disfrutar el fin de semana.
- Cuando escribes una felicitación de cumpleaños o eliges un regalo para esa persona especial.

Como ves, la capacidad de crear es innata. Cada una tenemos nuestra propia forma exclusiva y genuina en la que se manifiesta. Ninguna es mejor que otra, tan solo reflejan su valor de manera diferente.

Lo que sí podemos es hacerla crecer o, como comentábamos antes, tratar de darle espacio para que aparezca sin forzarla.

Las actividades, los lugares y los momentos que nos aportan calma son una forma poderosa de inspirarnos y activar la creatividad.

Te muestro a continuación algunas **ideas para alimentar la creatividad, darte espacio y brindar apoyo a la parte ansiosa y cómo llevarlas a la práctica**:

Crear espacio interno

Dedícate momentos de desconexión, por pequeños que sean (cinco minutos también son válidos):

- **Deja el móvil a un lado, escucha música que te relaje.**
- **Camina** por la calle o por casa sin rumbo fijo.
- **Observa con detenimiento lo que te rodea:** ¿Qué colores prevalecen? ¿Hay algo que te llame la atención en especial? ¿Qué temperatura hace? ¿A qué huele? ¿Qué sonidos te llegan?
- **Escribe a «vuela pluma», sin filtro**, cualquier idea que se te pase por la cabeza. Incluso puede ser algo así como: «No sé qué escribir, pero estoy probando a ver qué pasa...».

Estimula la imaginación

- **Prueba a realizar alguna actividad** manual, como cerámica, pintar, moldear con plastilina... La idea no es hacer una obra de arte, solo dejarte llevar.
- **Lleva siempre contigo tu propia «libreta para todo».** Pilla un cuaderno que te guste y mantenlo cerca de ti. De vez en cuando ábrelo y haz lo primero que se te pase por la cabeza... Escribe algún pensamiento, dibuja, garabatea, anota algo que quieras recordar, desahógate y expón lo que te da rabia... Es «para todo», no hay reglas en tu cuaderno.
- **Intenta dedicarle tiempo a la lectura**, aunque sea de vez en cuando. (Algo que te interese de verdad, no es necesario que te obligues a leer *El Quijote* porque sea un clásico...).

Libera el cuerpo

- **Baila sin técnica alguna**, deja que el cuerpo se mueva libremente como le apetezca.
- **Grita muy fuerte.** (En un lugar donde no asustes a nadie si es posible; aprovecha cuando des un paseo por la montaña).
- **Haz alguna actividad física:** camina, estira la musculatura...
- **Haz garabatos o trata de dibujar con la mano no dominante**, así sorprenderás a tu cerebro.

Reconecta con la niña que hay en ti

- **Revisa imágenes de cuando eras pequeña** y pregúntale qué le gustaría estar haciendo en este momento a esa versión de ti.
- **Juega** con plastilina, legos, puzles, rotuladores, juegos de mesa...
- **Ve alguna película** de esas que tanto te gustaban antes.
- **Date el gusto de conseguir algo que siempre quisiste**, pero que por alguna razón nunca pudiste tener. Podría ser cualquier cosa, como el yoyó que por algún motivo siempre quedó pendiente o aquel juego que te resultaba tan flipante.

En realidad, el camino que hemos recorrido juntas de la mano de la ansiedad a lo largo de estas páginas no habría sido posible sin un proceso interno creativo que nos permitiera conocerla y darle forma. La hemos explorado desde distintos prismas: observándola, dibujándola, escribiéndole e incluso dándole voz.

Y, durante todo ese proceso, ha estado siempre acompañándonos la creatividad.

De hecho, todo lo que se ha movido dentro de ti y la forma en la que ha podido cambiar tu relación con la ansiedad se ha producido en gran parte gracias a esa capacidad creativa que habita en nuestro mundo interno. **Ahora, solo necesitas hacerle un espacio más grande en ti con consciencia y amabilidad.**

Humor

Es admirable la habilidad del ser humano para encontrar el humor incluso en los momentos más duros. ¿Quién no ha llorado y reído a la vez mientras se desahoga con una amiga después de que le hayan roto el corazón? O le ha dado un ataque de risa en una situación comprometida como una reunión seria de trabajo o incluso en un funeral...

Lo cierto es que la risa relaja, ayuda a aligerar el peso de la rigidez que reside en el miedo, la tristeza o el dolor. Es como una brisa de aire fresco que te envuelve en el momento que más lo necesitas en un día caluroso.

Cuando hablamos de humor, no nos referimos a negación de la realidad. Por ejemplo, hay personas a las que les resulta muy complicado enfrentarse a temas difíciles o conversaciones delicadas, así que no dejan de bromear o de desviar el discurso hacia otros derroteros, pero esto puede resultar muy frustrante para quien esté al otro lado de ese diálogo. En este caso, el humor es una estrategia defensiva, como podría serlo esquivar el momento o reaccionar de forma explosiva.

> Sin embargo, como recurso del ***self***, el humor actúa como una válvula de alivio espontánea, liberando presión y relajando el mundo interno.

No es desinterés ni sarcasmo, sino una respuesta natural desde la presencia que busca mirar las cosas desde una distancia que nos protege sin desconectar de lo que nos ocurre y ve lo inesperado como algo que puede generarnos bienestar, como es la risa. No se trata de reírse de la ansiedad, sino con ella. **Al escu-**

char a la parte ansiosa con curiosidad y ternura, el humor comienza a tomar forma de manera natural.

Echemos un vistazo con algunos ejemplos:

Desde la rigidez	Con humor y ligereza
«¡Madre mía, el corazón me va muy rápido! ¿Y si me da algo?».	«¡Vaya, vaya...! ¡Parece que mi corazón se ha apuntado a una clase de crossfit sin avisarme! Estoy bien, solo necesito respirar hondo y recordarle que no estamos entrenando».
«Estoy sudando de los nervios, ¡Qué vergüenza, seguro que la gente se va a dar cuenta!».	«Pues nada, mi cuerpo está en modo *La sirenita*, se me irá pasando poco a poco, de momento soy Ariel».
«Seguro que si cojo el coche tengo un accidente...».	«Vale, gracias reina del drama interior, está interesante la película que te estás montando, pero hoy prefiero una comedia romántica con Pedro Pascal si no te importa...».

EJERCICIO

Cambio de *look* a mi ansiedad

En los primeros capítulos, al empezar a acercarnos a la parte ansiosa y el resto de las partes que componen nuestro mundo interno, hicimos algún ejercicio de visualización. En el capítulo 4 incluso realizamos el «Retrato de un síntoma».

En esta ocasión, haremos algo parecido, pero la idea es hacerle un «cambio de look» a la ansiedad. **La intención no es ridiculizarla ni hacerla sentir incómoda, solo pretendemos darle un toque desenfadado.** Por ejemplo, podemos hacerle un sombrero con un lazo rosa enorme o colocarle unos zapatos llamativos.

Utiliza el siguiente espacio para dibujar a tu ansiedad. Recuerda que no tiene que ser perfecto, también puedes utilizar garabatos, palabras, símbolos...

Cierra los ojos y visualiza de nuevo a tu parte ansiosa. Quizá te llegue la misma imagen que has hecho antes o puede que sea una diferente. Cuando la tengas, plásmala en el recuadro. Por último, dedica un tiempo a añadirle complementos, cambiar de colores...

¡Que comience el cambio de *look*!

¿Qué tal se ha sentido tu parte ansiosa durante el ejercicio? ¿Ha cambiado algo tu forma de verla, aunque sea un poquito? Has utilizado la creatividad y el humor, ¿lo has notado?

La esperanza realista

¿Sabes esa manta calentita que tanto te gusta? Yo también tengo la mía, la Manta, en mayúsculas. Es blanca, tiene ya unos cuantos años y posee la textura, composición y grosor perfectos para vivir pegada a mí en los meses más frescos. La esperanza realista es como esa mantita, no hace que desaparezca el invierno (no sería realista), pero sí supone un cobijo, un sostén y un consuelo que alivia la incomodidad para volverla más habitable.

No elimina el malestar,
pero lo suaviza con ternura.

La esperanza realista se basa en la confianza y la claridad. Se mantiene como una paciencia inquebrantable que no se derrumba, es como un ancla que ofrece seguridad. Se trata de una forma de estar con nosotras mismas, de **acompañarnos con amabilidad incluso en lo que nos incomoda, sin ignorar lo que sentimos ni forzarnos a estar bien pase lo que pase**. Hablamos de esperanza realista cuando esta no niega el dolor, el sufrimiento o la dificultad, sino que abre la puerta a oportunidades de cambio sin forzarlo ni invalidar el malestar.

La parte ansiosa vive en alerta, anticipándose a cualquier peligro posible. Pero ha llegado el momento de empezar a soltar y confiar con esperanza a través de este sereno acompañamiento en el diálogo interno.

Algunas frases con las que podemos sostener a la parte ansiosa a través de la esperanza realista pueden ser o parecerse a estas:

- «Sé que es complicado, de modo que podemos ir despacio, no se trata de todo o nada. Pero te prometo que es posible sanar».
- «Llevas mucho tiempo encargándote de esto tú solita, gracias por aguantar tanto. Verás que haciéndolo diferente será mucho mejor».
- «Estoy aquí contigo, aunque no tenga todas las respuestas, y no me voy a ir».
- «No quiero que desaparezcas, solo permíteme que te acompañe».
- «No es necesario que confíes en mí ahora, por el momento es suficiente con que me escuches».

Estas frases no prometen un resultado milagroso, pero lo que sí albergan es una clara predisposición para acompañar y dirigir.

La hora de los límites

Hemos escuchado a la ansiedad, le hemos dado espacio, la hemos explorado y la hemos mirado con ternura y calma. Ya no la rechazamos, pero ahora **toca poner ciertos límites para recuperar la tranquilidad**.

Lo primero que se me viene a la cabeza al empezar este punto es la famosísima canción de María Jiménez, «¡Se acabó!», pues es una bofetada simbólica y empoderada al desgaste. También me resuena «I Will Survive», de Gloria Gaynor, e incluso

«Suéltalo», el temazo que se marca Elsa en *Frozen* cuando ya está harta de reprimir y luchar con una parte que ha estado conteniendo toda la vida.

¿Por qué es tan importante ponerle límites a la parte ansiosa en este momento?

- Porque ya sabemos que no es la que tiene el mando de nuestro mundo interno, aunque pueda parecerlo.
- Porque, cuando ella decide la dirección, nos desconecta del mundo, del presente, del disfrute, del resto de nosotras mismas, de la vida…
- Porque ahora podemos llegar a entender que escucharla y cuidar de ella no quiere decir que tengamos que obedecerla con los ojos cerrados.
- Porque arrastramos el agotamiento y el hartazgo de vivir preocupadas y en alerta.
- Porque empezamos a comprender que es posible, que podemos acceder a nuestros propios recursos y crear algunos nuevos para lograrlo.
- Porque estamos haciendo un gran trabajo de autoconocimiento interno que nos proporciona al menos un pequeño grado de confianza en nosotras mismas y seguimos en el camino.

Este es solo un breve listado de motivos para ponerle límites a la ansiedad, pero existen muchísimos más. La historia personal, el momento concreto y el contexto de cada una de nosotras es diferente y único.

EJERCICIO

Mi lista personal

Así que ¿qué razones añadirías a tu propia lista?

A continuación, tienes un espacio para completarla:

– ....

– ....

– ....

– ....

– ....

– ....

– ....

– ....

– ....

– ....

Es posible que te hayan surgido de forma espontánea o tal vez te ha costado un poco encontrar las palabras.

Está bien, no hay una forma correcta de hacer esto. Independientemente de cómo lo hayas hecho, es válido.

Si te apetece, puedes traspasar esta lista a una libreta o incluso reescribirla con dibujos, colores, anotaciones al margen... Puedes hasta hacerlo en un folio o cartulina y colgarla en un lugar donde la puedas ver a menudo y recordarlas siempre que lo necesites.

¿Cómo podemos ponerle límites a la ansiedad?

Con los límites, marcamos fronteras y estas líneas señalan hasta dónde llegamos nosotras y dónde comienza el resto. **Nos sirven para proteger nuestro espacio interno y externo sin necesidad de atacar a nada ni a nadie.**

Desde la perspectiva de la terapia de IFS, poner límites es hablar desde el *self* o nuestro yo más profundo, con respeto y amabilidad, pero también claridad. Es cuidar la relación con la parte ansiosa sin permitir que nos controle.

Decirle: «¡Hasta aquí!». Con cariño, sí, pero también con firmeza y coraje.

Para ponerle límites a la ansiedad, no necesitamos gritarle ni tampoco ignorarla. Es un error común pensar que pasando de ella la estamos controlando, pero nada más lejos de la realidad.

Quizá pueda tener efecto durante un rato, sin embargo, como ya hemos ido analizando antes, cuanto menos atención intentemos prestar a la parte ansiosa, más gritará para llamar nuestra atención.

Para marcar límites desde el *self*, aquí te dejo algunos ejemplos para poner en práctica

Tipos de límites	**Qué decir**
Límites temporales (Utilizando el tiempo como espacios de desconexión)	• «Ahora no es el momento para hablar de esto, te escucharé luego». • «Tienes cinco minutos para sacar la preocupación, podemos escribirlo en una lista y después borrarla». • «No estás sola, pero tampoco tienes que estar todo el tiempo conmigo». • «Sé que quieres ayudarme, pero repetirme todos los posibles escenarios catastróficos me está bloqueando. También puedes cuidarme parando estos pensamientos al menos un rato».

Límites espaciales (Echando mano de la distancia física)	• «Voy a salir a caminar, pero esta vez sin ti, puedes quedarte descansando mientras tanto». • «Entiendo que no te acabas de quedar tranquila si me dejas sola, así que vamos a dejar un hilo transparente entre las dos. Si te necesito, tiraré de él, pero vamos a mantener una distancia». • «Hoy me toca conducir a mí». • «Te veo, te respeto, pero no eres tú quien decide, así que necesitamos alejarnos un poco».
Límites físicos (Utilizando el cuerpo para marcar distancia)	• «Siento la necesidad de estirar el cuerpo, respirar hondo, moverme un poco... Para ello no puedo tenerte encima provocándome presión, así que vamos a probar a ver qué tal». • «Tu intensidad a veces es muy valiosa, pero ahora necesito que bajes un poco el volumen». • «Vamos a relajarnos un poco. No nos está persiguiendo un león, estamos a salvo».

Introducir límites en nuestra relación con la parte ansiosa no es un acto de guerra contra nosotras mismas.

Por el contrario, el objetivo de señalar estas líneas rojas es **un gran gesto de amor y ternura hacia la parte ansiosa, pues la contiene y le permite liberar la carga**.

EJERCICIO

Definiendo mis límites

En este ejercicio, vamos a crear una lista de normas de convivencia para que la ansiedad entienda poco a poco los cambios que debemos hacer para lograr que nuestro mundo interno se encuentre más estable, equilibrado y regulado a nivel emocional. Como se trata de poner límites, apuntaremos en la primera columna todo lo que SÍ es deseable y ayuda a la coexistencia, mientras que en la segunda escribiremos aquello que NO viene bien:

Esto SÍ, gracias	Esto... mejor que NO
• «Puedes avisarme si detectas una amenaza real». • «Está permitido pedir una pausa si te das cuenta de que estoy muy activada».	• «No me interrumpas cuando trato de descansar». • «Los pensamientos catastróficos no están permitidos a la hora de dormir e intentaremos

- «Llorar es un mecanismo regulador maravilloso y, además, ayudamos a limpiar el sistema».

que vayan desapareciendo poco a poco».

- «Queda prohibido buscar síntomas de posibles enfermedades o sensaciones extrañas en internet».

¿Sabes qué? Realizar esta actividad ya ha sido una forma de ponerte al mando con respeto y liderazgo, que no es poco, ¡es muchísimo!

Puede que te haya resultado incómodo, reflexivo, revelador o incluso divertido. Lo importante, como siempre, es el tiempo que te has permitido para trabajar contigo misma.

Recalcular para reencontrarnos

A lo largo de este capítulo hemos abierto las puertas y ventanas de nuestro mundo interno a herramientas valiosas. Espero de corazón que puedan acompañarte a partir de aquí de una manera más consciente. Ahora tienes un amplio arsenal en el que se encuentra el humor, la ternura, la creatividad, los límites... Eso sí, es posible que sientas que tienes muchos recursos a tu alcance y no sepas muy bien cómo asimilar toda la información. Quizá incluso te preguntes: **«¿Por dónde empiezo?»**.

No te preocupes, es lo más normal del mundo. Seguiremos indagando en el próximo capítulo sobre cómo darles forma y sentido a todos estos recursos.

Esto es solo el comienzo de un nuevo equilibrio que está empezando a ponerse en marcha.

Estamos recalculando la ruta, no porque no lo hayas sabido hacer mejor hasta ahora, sino porque necesitabas detenerte de verdad, tomar aire y trazar con calma un nuevo rumbo para volver a encontrarte.

10

SIGUE LAS BALDOSAS: EL CAMINO QUE SE ABRE ANTE TI

¿Cómo pongo en práctica todo lo que he aprendido?

Hemos llegado al final de este libro juntas y quizá en este momento estés pensando: «Vale, Erica, todo esto es estupendo, pero... ¿cómo traduzco del libro a mi mundo?».

Tal vez sientas que tienes más claro lo que te ocurre y, sin embargo, te da algo de vértigo pensar por dónde comenzar. **Tranquila, es completamente lógico.**

Como hasta ahora, vamos a ir paso a paso. El primero, que hemos empezado a dar con la lectura de este libro, es explorar y adquirir conocimientos nuevos, pero calma. Entender algo no supone dominarlo sobre la marcha. Es como aprender una nueva receta de cocina, ves cómo se hace, tomas notas de los detalles que hay que tener en cuenta y, luego, te pones manos en la masa. Lo más probable es que necesites dedicación, atención, práctica... hasta que des con el resultado que te guste. Además, incluso acabarás creando tu propia versión, a tu manera, con tu toque especial.

Este libro, como es natural, no es un mapa cerrado. Es más bien un farolillo pensado para alumbrarte y acompañarte en el camino.

La ruta la trazas tú.

Es el momento de hacerlo tuyo y, para eso, no hay una única forma. Puedes plantearte algunas preguntas que te ayuden a reencuadrarte:

- ¿En qué aspectos o puntos de estas páginas te has reconocido más?
- ¿Hay algún relato o metáfora que se te haya marcado en la memoria?
- ¿Algo de lo que has leído por aquí te ha resonado con especial intensidad?
- ¿Has subrayado o tomado algunas notas en los márgenes o en una libretita sobre algún detalle que quisieras destacar?
- ¿Qué te han parecido las actividades propuestas? ¿Cómo te has sentido haciéndolas?

Las respuestas a estas cuestiones pueden servirte como punto de partida para tu propio proceso. De hecho, desde las primeras líneas ya se ha estado movilizando tu mundo interno. Tal vez incluso se ha abierto a nuevos elementos de autorregulación emocional y ha descartado otros que ya no le hacen tanta falta.

A continuación, te dejo algunas **ideas y prácticas para empezar a integrar lo aprendido en tu día a día:**

- Decide acompañarte de manera activa con ternura y sin juicio (como vimos en el capítulo 9), sin culparte si alguna vez sientes que fallas.
- **Toma notas si te viene algún pensamiento que desees tener presente.** Apúntalo en una libreta, en la aplicación de notas del móvil...
- Si te animas, **elige una afición o actividad concreta y proponte dedicarle espacio en tu día a día** (buscar momentos de calma, escribir, activar la creatividad...) y observa cómo te sientes al hacerlo.
- Recuérdate a menudo que no tienes que hacerlo todo a la vez. **Confía en ti**, en tu proceso y en tu maravilloso cerebro.
- **Comparte tus impresiones, lo que sientes o necesitas.** Permítete (si es posible y te sientes cómoda con ello) hablar de manera abierta con personas cercanas y de confianza sobre lo que sientes.

Es importante tener presente que este libro ha sido elaborado con el propósito de divulgar un tema complejo, para acercarte de manera práctica y sencilla a una comprensión más profunda de nuestra querida amiga Ansiedad, pero, **como psicóloga y terapeuta profesional, debo recordarte que no es un sustituto de un proceso psicoterapéutico ni pretende dar respuestas universales**.

Cada persona posee su propio mundo interno junto con su mochila de vivencias, experiencias, contexto... Por lo que las necesidades, ritmos y caminos serán completamente diferentes en cada caso. Si sientes que necesitas explorar en mayor profundidad tu historia o tu emocionalidad y te das cuenta de que necesitas ayuda especializada, **asegúrate de buscar profesionales cualificadas de la salud mental y emocional**.

Si estás en un proceso terapéutico o pensando en comenzarlo, ¡eso es genial! La terapia no solo es para cuando estás en lo más profundo del pozo, también es un recurso maravilloso para prevenir que ciertos problemas se agraven, conocerte más o mejorar el bienestar emocional.

Y, si no es así, si ni siquiera se te había pasado por la cabeza o no estás en ese punto, tampoco pasa nada. Como siempre, confía en ti misma. Estoy segura de que lo estás haciendo lo mejor que puedes con lo que tienes.

Preguntas incómodas, pero necesarias

Es muy difícil no plantearnos ciertas cuestiones en ese punto en el que justo comienzas a sentirte mejor, a ver la luz en la oscuridad, aunque tan solo sea un poquito... Y es lógico que aparezcan ciertas inquietudes. A veces, en nuestra relación con la ansiedad, hay momentos en los que tenemos la sensación de que estamos desandando parte del camino hecho hasta el momento. ¿Y si vuelve con fuerza? ¿Y si vuelvo a estar fatal? ¿Y si en realidad nunca consigo mejorar?...

Todas estas preguntas son más que válidas y precisamente **son síntoma de que estás empezando a integrar lo aprendido**. A continuación, he recogido algunas de las cuestiones que más suelo escuchar en consulta cuando trabajamos con la ansiedad. Quiero compartirlas contigo para intentar arrojarte algo de luz en esos momentos en los que, durante el camino, pierdas de vista el horizonte.

Vamos a desglosarlas una a una:

¿Y si no me «curo» nunca?

El objetivo de este libro y de un proceso terapéutico es ayudarte a transformarte, sentirte más libre y conectada contigo misma, no «curarte», **porque la realidad es que no hay nada mal ni nada que arreglar**. El proceso de conocernos mejor no es un remedio inmediato, sino una herramienta de autocuidado profundo con la que reconocer y gestionar la ansiedad. Es una herramienta para acompañarte como mereces de aquí en adelante, con empatía y con ternura.

¿Voy a tener que vivir así para siempre? ¿No va a desaparecer la ansiedad?

Ya hemos visto que, por suerte o por desgracia, no podemos librarnos de la ansiedad. Es una emoción tan necesaria como cualquier otra o como nuestros sentidos. Por tanto, privarnos de la capacidad de alerta y respuesta ante un posible peligro sería contraproducente, aunque soy consciente de que a veces nos encantaría eliminar el miedo para siempre.

De modo que **sí, la ansiedad continuará existiendo, pero, si has iniciado este camino, no lo hará de la misma forma que hasta ahora**. Tu parte ansiosa ya no te controlará todo el tiempo.

Vuestra relación ha ido experimentando cambios, igual que tú también, y eso lo transforma todo porque **ahora, amiga, tú llevas la nave**.

¿Y si la ansiedad regresa con fuerza?

Si has empezado este camino, estás preparada. Tienes un nivel de autoconocimiento mayor, tu propia experiencia y herramientas que te permitirán acompañarte como necesitas. La ansiedad ya no te pillará por sorpresa. Ahora sabes que, si llama a la puerta con fuerza, es porque quiere avisarte de algo, así que podrás indagar y descubrir de qué se trata. No partes de cero, tienes dentro de ti vivencias y recursos para mantenerla a raya.

¿Y si un día no sé qué hacer?

Aunque, como hemos visto, ahora dispones de herramientas para gestionar la ansiedad, siempre puedes volver a pedir ayuda, ya sea a alguien de confianza o, si lo necesitas, a un profesional de la salud. ¿Y sabes qué? A veces lo aprendido se activa justo cuando más lo necesitas. ¡Confía en ti!

Recuerda: aunque es normal que te hagas este tipo de preguntas, no necesitas tener todas las respuestas para sentirte más confiada. Lo que de verdad importa es que ahora puedes responderte desde otro lado, desde uno más amable, sabio y conectado con tu esencia.

Los altibajos no son fracasos, son una parte más del proceso. Cuando subes una montaña, no todo es cuesta arriba, hay momentos en los que el sendero se allana, en ocasiones hay pequeñas bajadas que luego vuelven a coger altura... Pero de todos modos el camino lleva a la cima, desde donde hay unas vistas increíbles.

Es en este punto donde puede aparecer una de las grandes preguntas: «¿Cómo puedo saber si lo que estoy experimentando es de nuevo ansiedad o algo diferente?». Esta duda y su respuesta merecen un apartado propio, pues reconocer cuándo la parte ansiosa vuelve a llamar a la puerta es esencial para poder atenderla a tiempo.

Señales de que la parte ansiosa vuelve a querer tomar protagonismo

Recuerdo que, hace ya un tiempo, iba conduciendo con tranquilidad de vuelta a casa tras una intensa jornada. Era una tarde normal de un martes o miércoles cualquiera.

Como de costumbre, sonaba mi lista de reproducción favorita en los altavoces del coche mientras mi cabeza me mantenía atenta a la típica caravana que se forma en hora punta y, al mismo tiempo, hacía mentalmente una lista de todo lo que me esperaba por hacer al llegar a casa.

De pronto, sin pretenderlo, un pensamiento fugaz ocupó mi mente por completo: «Uy, ¿y si tienes un accidente?». Como podrás imaginar, me quedé semiparalizada a la vez que un escalofrío me recorría el cuerpo del sobresalto.

«¿Y esto ahora a qué viene?», me pregunté. «¿Es un presentimiento o un pensamiento aleatorio muy desafortunado?». En cuestión de minutos, tuve una extensa conversación conmigo misma. «A ver, tranquila, está claro que ha sido una idea fortuita. Estás muy cansada y la mente te acaba de jugar una mala pasada... Pero ¿por qué ese pensamiento y no otro?», me pregunté.

Tenía que hacer algo, así que me planteé varias opciones: desviar la ruta y parar en un centro comercial cercano para caminar y tomar un poco el aire, continuar el trayecto con relativa calma o, en el peor de los casos, dejar el coche y pedir un taxi. Entonces comprendí lo que me estaba sucediendo: ¡era un pensamiento intrusivo de mi parte ansiosa!

No me detuve, respiré hondo y, mientras el aire me devolvía la calma, continué la marcha.

Algunos años atrás, ese mismo escenario me hubiera bloqueado por completo, pero en ese punto, con el recorrido y las herramientas que llevaba conmigo después de trabajar con mi ansiedad durante años, detecté la verdadera razón de ese «presentimiento». ¿Cuál era? Que quizá mi cuerpo trataba de avisarme de algo.

En la serenidad de mi hogar, aproveché para comprobar qué podía estar pasando. Tomé consciencia de que últimamente estaba muy liada, tenía varios proyectos abiertos, diferentes cambios en proceso... Entendí también por qué llevaba algunos días despertándome a menudo por la noche o la razón de que en ocasiones sintiera que el corazón se me aceleraba sin motivo aparente y sin ser apenas consciente. Había ignorado todas las señales por la fuerza de la rutina, así que la Pitonisa, esa parte ansiosa que parece saber lo que va a pasar por arte de magia, decidió hacerme una visita.

Cuando la parte ansiosa asoma, suele ir dejando pistas por el camino. No aparece así, sin más.

Hay ciertas señales sutiles que se nos pueden escapar. Algunas bastante comunes y otras más particulares. Por ejemplo, hay personas a las que le duele la cabeza o el estómago, otras que comienzan a sentir mareos y en algunas predominan preocupaciones excesivas con un tema concreto, como el trabajo o la familia.

Si esto sucede, no significa que sea un retroceso, quiere decir que tu sistema interno funciona lo suficientemente bien como para activarse y llamar tu atención. **Reconocer tus propias señales es un recurso ideal** para añadir a tu propio kit de autoconocimiento sobre cómo se presenta en ti la ansiedad. En el capítulo 4 vimos gran parte del extenso repertorio de síntomas de la ansiedad. No te preocupes, no voy a repetírtelo todo de nuevo, aunque puedes volver a echarle un vistazo si lo necesitas. Pero sí quiero destacar algunas de las señales o síntomas que, según mi experiencia en la práctica terapéutica, más me suelen relatar que la ansiedad regresa en modo: «Holi, ¿me echabas de menos?».

Veamos algunos indicios sutiles de que la parte ansiosa puede estar reactivándose:

- **Sensaciones o molestias físicas que podrían resultarte familiares:** Como ese nudo en el estómago, presión en el pecho, insomnio, mareos o rigidez muscular...
- **Hipervigilancia sin motivo claro:** Eres más consciente de los estímulos que te rodean. Puede que te empiecen a molestar los sonidos, la gente, el movimiento, las luces, la temperatura...

- **Preocupación por posibles enfermedades:** Vuelves a tener la sensación de que cualquier síntoma físico puede ser algo grave.
- **Vuelve la Pitonisa a anticipar todo lo que podría salir mal:** ¿Y si me sale mal este proyecto y pierdo el empleo? ¿Y si le sucede algo malo a alguien a quien quiero?...
- **Control excesivo:** Reaparece la necesidad de mantenerlo todo fiscalizado, revisas varias veces lo que haces, creas listas interminables, te da miedo dejar espacio a la improvisación...
- **Reaparecen los comportamientos rituales de búsqueda de control:** Repetir patrones de cierta manera para sentirte segura, como revisar varias veces si has cerrado bien la puerta o has desenchufado el secador.

Si detectas que esto sucede, ahora ya sabes que es la estrategia que usa tu mente y tu cuerpo para pedirte ayuda a través de la ansiedad.

No es necesario que luches contra ella, obsérvate desde el *self* y date un respiro.

Que vuelva a aparecer no tiene nada de malo, es natural. El problema vendría si la dejáramos decidir y tomar el mando ella sola. Recuérdale que ahora estás tú en el centro. «Parece que estás intentando ayudarme una vez más a tu manera. Gracias por avisarme, pero ahora puedo hacerme cargo yo».

Tu kit de herramientas (nivel PRO)

Durante el acompañamiento terapéutico en sesión, cuando llegamos a un nivel de autoconocimiento y regulación de la ansiedad más avanzado, llegamos a una fase a la que me gusta llamar «Nivel PRO» debido a la amplitud del recorrido que hemos tomado. Es como si estuviéramos en un videojuego y hubiéramos avanzado varias etapas. Aunque las cosas puedan ir complicándose, también vamos ganando habilidades y experiencias que nos hacen **más fuertes y nos preparan para avanzar**.

En este tramo, suelen surgir las inquietudes que hemos visto en los puntos anteriores de este capítulo. Por eso me resulta interesante proponerte que crees un kit de herramientas a prueba de ansiedad para alimentar un poco más la sensación de seguridad que tanto necesitamos.

Este kit es un recordatorio, una representación simbólica de todo lo que te ha servido y puedes llegar a necesitar.

Puedes recurrir a él cuando sientas que la parte ansiosa asoma la patita, cuando notes que vuelves a estar en piloto automático o percibas algunas de las señales de las que hablamos en el punto anterior.

También puedes acceder a estas herramientas en cualquier otro momento, ya que son recursos de autorregulación, calma y equilibrio emocional.

La idea es que, a partir de todo lo que hemos visto y has aprendido en este camino, confecciones tu propio kit personal con lo que te calme, lo que te recuerde quién eres dentro del posible caos y te conecte con tu sabiduría.

Puede ser una caja literal, un espacio físico en el que introducir objetos que te ayuden a volver a la calma, desde elementos simbólicos como listas de canciones que te relajan o actividades para regularte (escribir cartas, hacer dibujos...) a accesorios (pelotas antiestrés, incienso, aceites esenciales...). Lo que quieras. ¡Échale imaginación!

También puede ser un cofre metafórico que guardes en un lugar accesible de tu mundo interno. Puede recordarte apoyos internos como centrarte en la respiración, hablar con una amiga, dar un paseo, tratarte con ternura, reconocer a la parte que está hablando y qué quiere decirte...

O la mezcla perfecta: un poco de cada cosa, un espacio físico y otro interno.

En el capítulo anterior, te mostré un amplio abanico de recursos para que a partir de ahí exploraras y experimentaras los que te resultaran más útiles. Ahora, te propongo una versión mucho más reducida para el «Kit de emergencia» con algunas de las herramientas que más suelo trabajar y ver si funcionan cuando la ansiedad regresa con fuerza. La idea es que te sirvan de inspiración para, a continuación, completar tu propio kit personal.

Herramientas del mundo interno	• Reconocer la parte que se activa y poner nombre a lo que te está sucediendo. • Conectar con imágenes de seguridad y calma o imaginar a tu *self*. • Recordar frases de autoconsuelo, por ejemplo, «Ahora estoy aquí, puedo sostener esto».

Herramientas expresivas o simbólicas	• Escribir lo que sientes sin filtros. • Dibujar, garabatear, usar símbolos... • Mirarte en un espejo con ternura y decirte a ti misma: «Estoy aquí contigo». • Usar pósits o notas y ubicarlas a la vista con frases o recordatorios que te animen: «Esto pasará», «Lo estás haciendo lo mejor que puedes», «Ya has pasado por esto, es duro, pero estás en otro punto».
Herramientas externas y de autocuidado	• Mover el cuerpo, caminar, bailar, estirar, hacer alguna actividad física... • Hablar con tus personas de confianza. • Usar objetos físicos que te sirvan de anclaje seguro, que te conecten contigo misma, como una pulsera, una libreta, un llavero... • Tener una *playlist* de autorregulación con canciones que te aporten serenidad. • Abrazarte, tocarte con las manos la parte del cuerpo donde sientas la tensión como gesto de contención. • Mimar los sentidos: música relajante, olores agradables, ducha consciente...

EJERCICIO

Crea tu propio kit

Estas son algunas propuestas, pero tu kit puede ser diferente. A continuación, encontrarás un espacio para que puedas rellenarlo con tus propias herramientas, las que te funcionen a ti. Antes de rellenarlo, puedes hacerte algunas preguntas:

- ¿Qué te calma?
- ¿Qué te conecta contigo misma desde la amabilidad?
- ¿Qué te recuerda quién eres en medio del caos?
- ¿Qué diría tu parte sabia en este momento?

No necesitas usarlo todo, tan solo recordarte que ya sabes cómo acompañarte. Este kit no te libera del miedo por completo, pero te recuerda que puedes sostenerte y no estás sola.

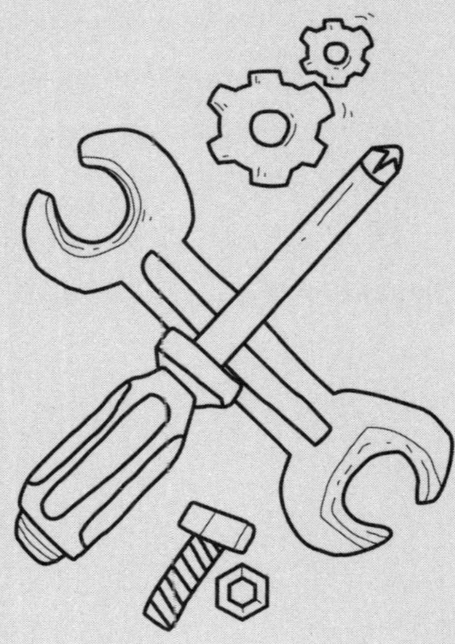

Ahora que ya sabes volver a ti...

Antes de despedirme, amiga, déjame darte las gracias. De corazón, te agradezco muchísimo que hayas llegado hasta aquí. Aunque este libro se acaba, esto solo es el principio de un acompañamiento consciente.

Es posible que, mientras leyeras estas páginas, algo dentro de ti empezara a moverse. No ha sido un camino sencillo. Enfrentarnos de cara a lo que nos hace daño es un acto de autocuidado que requiere apertura, valor, honestidad, coraje... **Así que me gustaría que te dedicaras unos minutos para reconocer tu gran trabajo.**

Ya has llegado a comprender que la ansiedad es una parte más de un mundo interno mucho más rico y complejo. Sabemos que la idea no es eliminar esa parte que nos hace daño, sino aprender a escucharla desde nuestro yo más profundo, con amabilidad y ternura. El objetivo es entenderla, sí, pero también recuperar el control y ponerle los límites necesarios. Al reconocer la ansiedad desde esta apertura, nos permitimos reaccionar con más claridad en lugar de dejar que nos arrastre.

No estás rota, nunca lo has estado, aunque puedas haberte percibido así. Lo único que necesitabas era un empujoncito para escucharte con más mimo.

Gracias por permitirme compartir esta aventura contigo y espero que todo lo que hayas descubierto aquí pueda acompañarte cuando más lo necesites.

EPÍLOGO

NO ERA UN LEÓN, ERA ANSIEDAD

El olor a salitre del mar y el aroma del café recién molido impregna el ambiente. Está claro que es el momento del *brunch*, ni desayuno ni almuerzo, la media mañana de toda la vida, pero con un toque *cool*.

Me encanta venir a esta terraza. Mi perrito, tumbado a mi lado, disfruta del sol que se cuela entre el dosel de cañizo estilo balinés. Se percibe el murmullo del viento entre la vegetación y el suave hilo musical indie acústico que tanto me gusta me arrulla. Mis sentidos reaccionan con calma al espacio que estoy ocupando. Se respira calidez, madera, mimbre, comida rica... El suave juego de luces y texturas me envuelve en una especie de burbuja serena.

Le doy vueltas a mi café con leche tamaño XL mientras leo la saga de fantasía que me tiene atrapada. Me siento... bien... De hecho, muy bien... Soy tan consciente de lo agradable que es este momento que se me escapa una sonrisilla.

Entonces, la ansiedad aparece Y SE SIENTA a mi lado sin pedir permiso.

—Pensé que ya no vendrías por aquí —le digo.

Ella me mira con suspicacia, encoge los hombros y se pide un zumo de frutas del bosque. «Curiosa elección —pienso—, teniendo en cuenta que suele decantarse por algo con cafeína».

—¿Puedo quedarme un rato? —me pregunta.

Asiento, ya no me da miedo.

—¡Claro! Podemos hablar si quieres, pero en modo tranqui.

Suelta una risita nerviosa mientras mira a su alrededor.

—Es un buen sitio, no sé por qué, pero creo que las otras veces que hemos estado aquí no me había dado cuenta de lo bonito que es —dice ella.

—Eso será porque, por lo general, estabas demasiado pendiente de que no me ocurriera nada malo, pero, fíjate, parece un lugar seguro...

—Tiene sentido, sin embargo, no puedo evitar preguntarme... ¿Y si todo esto es solo una pausa antes del caos? ¿Y si estamos bajando la guardia demasiado? —me responde algo preocupada.

Le sonrío mientras le doy un sorbo a mi café y luego digo:

—Agradezco todo lo que has hecho por mí, pero ya no necesito estar alerta todo el tiempo..., y tú tampoco.

Noto que se relaja un poco, se reacomoda entre los cojines de su sillón de mimbre.

—Te necesito conmigo aún, ya no tienes que llevar el timón, pero puedes seguir viajando en el mismo barco.

—¿Y si te dejo tranquila, pero me mantengo cerca por si acaso? —propone.

—Me parece muy buena idea, pero, si tienes que aparecer, que sea en un tono más calmado. Prometo atenderte y no ignorarte.

Ella asiente y creo que puedo percibir un atisbo de tranquilidad en su rostro. Y ahí nos quedamos un rato juntas, sin hablar, solo compartiendo el momento.

No sé cuánto avanza el reloj, pero la ansiedad se va casi sin que me dé cuenta. Sigo leyendo y pienso: «No se ha marchado para siempre, pero ya no me pierdo cuando aparece». Vuelvo a la lectura y mi café cuando mi amigo peludo posa la cabecita rizada sobre mi regazo para reclamar mimos.

—Estamos bien, peque —le susurro.

AGRADECIMIENTOS

En un mundo donde la ansiedad parecía tener todo el protagonismo, un grupo de lectoras valientes, personas incansables, cafés fríos, largas conversaciones y un perro sensei hicieron posible que este libro viera la luz. Aquí va el reconocimiento y la gratitud a esta maravillosa tribu.

Gracias a ti, que estás leyendo estás páginas, pues nada tendría sentido si no estuvieras al otro lado de estas palabras.

Gracias, Ansiedad, porque, pese a las horas sin dormir, los ataquitos de pánico y los miles de escenarios catastróficos que me has presentado en algunos momentos de mi vida, también me has acompañado y enseñado a comunicarme contigo desde la ternura. Me has impulsado a convertirme en psicóloga y a ayudar a otras personas que están perdidas y creen estar rotas... No lo estás, ¡eres maravillosa!

A mi editora, Cristina Martínez, no solo por fijarte en mí, sino por haber sido un apoyo sereno durante todo el proceso animándome y empujándome a encontrar mi voz. ¡Eres una crack!

Gracias a mi familia por ser un sostén inquebrantable, un refugio seguro donde permitirme soltar y respirar hondo. Gracias a las largas conversaciones con mi madre; a mi padre, que es mi mayor fan sin duda alguna; y a mi hermana, a la que amo con toda el alma.

A Ari, mi media langosta, por estar presente en muchos de los momentos más complicados y ansiosos de mi vida, por ser mi ancla y mi faro. Gracias por impulsarme con tu absurdo humor inteligente y tu cariño infinito.

A mis amigos, Rita y Cristian, por los miles de horas de cháchara y tanto amor. Qué maravilla poder seguir estando los tres de siempre desde secundaria. A Eliezer, el niño molesto como hermano pequeño de mi mejor amigo cuando era peque y que se convirtió en uno de mis grandes apoyos.

A mis amigas psicos que esta maravillosa profesión me puso en el camino, Aisha y Ana. Las conversaciones entre psicólogas son dignas de estudio, los audios-pódcast eternos también.

A mi psicóloga, gracias por el trabajo que hemos hecho juntas, eres maravillosa.

Gracias a Chewbacca, mi perro, por ser él y echarme siempre una pata (o cuatro) y por estar eternamente dispuesto a acompañar a su humana.

Gracias a la comunidad en Instagram y en las redes sociales, gracias por cada mensaje y por cada comentario, gracias por estar ahí.

A mi maravilloso equipo en Therapy Room Psicología; no puedo estar más orgullosa de lo que construimos juntas cada día.

Y, por supuesto, a mis pacientes, a todas y cada una de ellas, por permitirme acompañarlas en sus procesos y regalarme algo tan valioso como su confianza. Gracias por esa generosidad.

NOTAS

BIBLIOGRAFÍA

Abril Alonso, Águeda del, *et al, Fundamentos de Psicobiología*, Sanz y Torres, 2016.

American Psychiatric Association. *D Sm-III. Manual diagnóstico y estadístico de los trastornos mentales*, traductor: Manuel Valdés Miyar, Elsevier Masson, 1987.

Anderson, Frank, G., Martha Sweezy, Richard, C. Schwartz, *Sistemas de familia interna. Manual de habilidades (IFS),* Eleftheria, 2019.

Anxiety disorders, Mayo Clinic, 29 de julio de 2025. Disponible en: <https://www.mayoclinic.org/diseases-conditions/anxiety/symptoms-causes/syc-20350961>.

Anxiety Disorders. National Institute of Mental Health (NIMH), diciembre de 2024. Disponible en: <https://www.nimh.nih.gov/health/topics/anxiety-disorders>.

Beck, Judith S., *Terapia cognitiva: conceptos básicos y profundización*, traductora: Adelaida Ruiz, Herder, 2025.

Belloch, Amparo, Bonifacio Sandín, Francisco Ramos, *Manual de psicopatología. Volumen II: Trastornos psicopatológicos y tratamiento*, McGraw-Hill, 2020.

Bourne, Edmund, J., *Ansiedad y fobias: libro de trabajo*, traductor: Francesc Prims, Sirio, 2016.

Clark, David A., Aaron T. Beck, *Manual práctico para la ansiedad y las preocupaciones: la solución cognitiva conductual,* Desclée de Brouwer, 2016.

Clark, David A., Aaron T. Beck, *Terapia cognitiva para trastornos de ansiedad,* Desclée de Brouwer, 2012.

Ehrenreich, Barbara, *Sonríe o muere: la trampa del pensamiento positivo,* traductora: María Sierra, Turner, 2012.

Gilbert, Paul, *La mente compasiva: una nueva forma de enfrentarse a los desafíos vitales,* traductora: Gema Moraleda Díaz, Desclée de Brouwer, 2018.

Greenberger, Dennis, Christine, A. Padesky, *El control de tu estado de ánimo: cambia lo que sientes, cambiando como piensas,* traductor Genís Sánchez Barberán, Paidós, 2016.

Gutiérrez Martínez, Francisco, José Óscar Vila Chaves, *Psicología del desarrollo II,* UNED, 2011.

Hettema, John M., Michael C. Neale, Kennerth. S. Kendler, «A review and meta-analysis of the genetic epidemiology of anxiety disorders», *American Journal of Psychiatry,* 158(10), 1568–1578, octubre de 2001. Disponible en: <https://doi.org/10.1176/appi.ajp.158.10.1568>.

Instituto Imaya. Formación en EMDR nivel I, impartida por Anabel González (29 de abril-1 de mayo de 2021), Las Palmas de Gran Canaria.

Kendler, Kenneth. S. *et al.* «Generalized anxiety disorder in women: A population-based twin study», *Archives of General Psychiatry,* 49(4), 267–272, abril de 1992. Disponible en: <https://doi.org/10.1001/archpsyc.1992.01820040019002>.

Maté, Gabor, *El mito de la normalidad: trauma, enfermedad y sa-*

nación en una cultura tóxica, traductora: Natalia Eva Cervera de la Torre, Tendencias, 2023.

Middeldorp, C. M., *et al.*, «The co-morbidity of anxiety and depression in the perspective of genetic epidemiology: A review of twin and family studies», *Psychological Medicine,* 35(5), 611–624, mayo de 2005. Disponible en: <https://doi.org/10.1017/S003329170400412X>.

Neff, Kristin, *Sé amable contigo mismo: el arte de la compasión hacia uno mismo,* traductora: Remedios Diéguez Diéguez, Paidós, 2016.

Ogden, Pat, Kenuki Minton, Clare Pain, *El trauma y el cuerpo: Un enfoque sensoriomotriz de psicoterapia*, traductor: Francisco Campillo Ruiz, Desclée De Brouwer, 2009.

Organización Mundial de la Salud (OMS), *Salud mental.* Disponible en: <https://www.who.int/es/health-topics/mental-health#tab=tab_1>.

Porges, Stephen, W., *La teoría polivagal: fundamentos neurofisiológicos de las emociones, el apego, la comunicación y la autorregulación,* traductores: Miriam Ramos Morrison y González Váz, Pléyades, 2017.

Porges, Stephen, W., Deb Dana, *Aplicaciones clínicas de la teoría polivagal. El nacimiento de las terapias influenciadas por la teoría polivagal,* Eleftheria, 2019.

Recursos y materiales sobre el modelo IFS, (s. f.), IFS Institute. <https://ifs-institute.com>.

Rose, Nina E., «La ansiedad situacional ante situaciones estresantes», *Instituto Nina,* 4 de agosto de 2020. Disponible en: <https://www.institutonina.com/post/la-ansiedad-situacional-ante-situaciones-estresantes>.

Rubin, Rick, *El acto de crear: una manera de ser,* traductora: Victoria Simó Perales, Libros Cúpula, 2023.

Sapolsky, Robert, *¿Por qué las cebras no tienen úlcera? La guía del estrés*, traductores: Celina González Serrano y Coll Rodrí, Alianza, 2025.

Schwartz, Richard C., *No hay partes malas: sanar el trauma y recobrar la plenitud con el modelo sistemas de familia interna*, prologuista: Alanis Morissette, traductora: Marta Milian Ariño, Eleftheria, 2021.

Schwartz, Richard C. *et al, Sistemas de familia interna: manual de habilidades (IFS). Terapia basada en el procesamiento del trauma para ansiedad, depresión, TEPT y abuso de sustancias,* Eleftheria, 2021.

Schwartz, Richard C., Martha Sweezy, *Terapia Sistemas de Familia Interna,* traductora: Marta Milian, Eleftheria, 2021.

Stein, M. B., K. L. Jang, W. J. Livesley, «Heritability of anxiety sensitivity: A twin study», *American Journal of Psychiatry,* 159(2), 273–277. Disponible en: <https://psychiatryonline.org/doi/10.1176/ajp.156.2.246>.

Van der Kolk, Bessel, *El cuerpo lleva la cuenta: cerebro, mente y cuerpo en la superación del trauma,* traductora: Montserrat Foz Casals, Eleftheria, 2020.

Este libro se terminó de imprimir
el mes de enero de 2026.